Das Florarium

Joachim Zech

Obst aus eigenem Garten

Moderner Obstbau – biologisch richtig

Kosmos
Gesellschaft der Naturfreunde
Franckh'sche Verlagshandlung
Stuttgart

Umschlag von Edgar Dambacher unter Verwendung eines Farbfotos von Uwe Höch
Mit 32 Farbfotos vom Verfasser sowie 23 Zeichnungen von Burkard Kahl

CIP-Kurztitelaufnahme der Deutschen Bibliothek

Zech, Joachim
Obst aus eigenem Garten : moderner Obstbau,
biolog. richtig.
(Das Florarium)
ISBN 3-440-04296-0

Franckh'sche Verlagshandlung, W. Keller & Co., Stuttgart / 1976
© 1976, Franckh'sche Verlagshandlung, W. Keller & Co., Stuttgart
Printed in Italy / Imprimé en Italie / LH 14 dö / ISBN 3-440-04296-0
Satz: IBV Lichtsatz KG, Berlin
Reproduktion, Druck und Buchbinder: Artilitho, Trento (Italien)

Obst aus eigenem Garten

Die Pflanzung

Zeitpunkt der Pflanzung

Bis auf einige Ausnahmen (Pfirsiche, Nektarinen und Kiwi) ist es vorteilhafter, schon im Herbst zu pflanzen statt im Frühjahr, da die Bäume und Sträucher auch im Winter bei Temperaturen über 0° C neue Wurzeln bilden und dann in einem regenarmen Frühjahr die Trockenperiode besser überstehen. In Gebieten, wo mit gefährlichen Bodenfrösten zu rechnen ist oder der Boden zu Staunässe neigt, ist allerdings eine Pflanzung im zeitigen Frühjahr günstiger. Für Erdbeeren ist die beste Pflanzzeit Ende Juli und August.

Pflanzloch

Jahrelange praktische Erfahrungen im Obstbau haben gezeigt, daß es nicht nötig ist, riesige Pflanzlöcher von 1–2 Metern Durchmesser und bis zu 1 Meter Tiefe auszuheben. Die Pflanzlochgröße sollte so bemessen sein, daß alle Wurzeln bequem darin Platz haben. Die Tiefe des Pflanzloches sollte je nach Wurzelstärke 30–40 cm nicht überschreiten. Nur bei extrem schweren oder festen Böden wird zusätzlich noch die Pflanzlochsohle gelockert.

Wurzelschnitt und Behandlung

Vor dem Pflanzen werden die Wurzeln der Bäume und Sträucher leicht zurückgeschnitten. Machen die Wurzeln und der Baum nach längerem Transport einen trockenen Eindruck, ist es vorteilhaft, wenn man die Pflanzen mit der ganzen Wurzelmasse 10–12 Stunden ins Wasser stellt. Diese Maßnahme empfiehlt sich auch bei trockenem oder zu warmem Pflanzwetter. Durch Beimischen von lehmiger Erde kann man einen Lehmbrei herstellen, der die Wurzeln wochenlang mit einer feuchten Schutzhülle umgibt.

Pflanztiefe

Obstbäume werden grundsätzlich so tief gepflanzt, daß die Veredlungsstelle des Baumes (eine Verdickung oberhalb der Wurzelzone) auch später, wenn sich der Baum gesetzt hat, noch über dem Erdboden zu sehen ist. Bei Bäumen, die zu tief gepflanzt werden, treibt die Edelsorte in den nächsten Jahren oft eigene Wurzeln; der Baum macht sich frei, wie der Fachmann sagt. Das hat zur Folge, daß der Baum wilder wächst und weniger Frucht bringt. Die Veredlungsstelle muß deshalb schon beim Setzen ca. 5 Zentimeter über den Erdboden herausragen. Auch eine zu hohe Pflanzung schadet den Bäumen, da ein Teil der oberen Wurzeln dann austrocknet. Beerenobststräucher setzt man aus diesem Grund etwas tiefer.

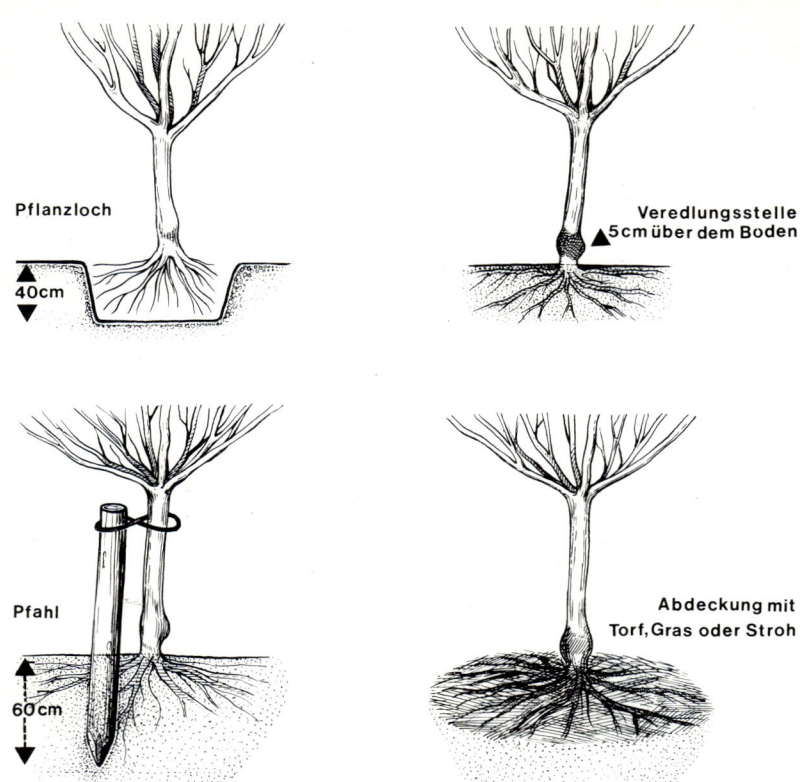

Bild 1. So wird ein Obstbaum gepflanzt

Baumpfahl

Der Baumpfahl, den alle Obstarten auf schwächeren Unterlagen benötigen, sollte vor dem Pflanzen geschlagen werden. Er darf nur so weit aus dem Boden ragen, daß er noch unter den ersten Ästen der Krone endet. Zum Anbinden eignen sich am besten Kokosstrick oder Plastikbänder, die verstellbar sind.

Pflanzerde

Die Pflanzerde sollte besonders bei leichteren oder schweren Böden mit feuchtem Torf angereichert werden. Das Abdecken der Pflanzstelle mit Stallmist, Stroh, Grasmulch oder Torf ist sehr vorteilhaft.

Das Nachbarrecht

Gartenbesitzer, die ihren Garten neu anlegen oder ergänzen, sollten sich zuerst über die gesetzlich festgelegten Grenzabstände informieren, um späteren Ärger mit den Angrenzern oder Nachbarn zu vermeiden. Das Nachbarrecht ist Landesrecht, wird also in jedem Bundesland etwas abweichend interpretiert. Den anschließend aufgeführten Bestimmungen liegt das Nachbarrecht von Rheinland-Pfalz zugrunde.

Grenzabstände für Bäume, Sträucher und einzelne Rebstöcke § 44
Eigentümer und Nutzungsberechtigte eines Grundstücks haben mit Bäumen, Sträuchern und einzelnen Rebstöcken von den Nachbargrundstücken – vorbehaltlich des § 46 – folgende Abstände einzuhalten:
1. mit Bäumen (ausgenommen Obstbäume), und zwar
   a) sehr stark wachsenden Bäumen mit artgemäß ähnlicher Ausdehnung wie Bergahorn *(Acer pseudoplatanus)*, Sommerlinde *(Tilia platyphyllos)*, Pappelarten *(Populus)*, Platane *(Platanus acerifolia)*, Roßkastanie *(Aesculus hippocastanum)*, Stieleiche *(Quercus robur)*, ferner Douglasfichte *(Pseudotsuga taxifolia)*, Fichte *(Picea abies)*, österreichische Schwarzkiefer *(Pinus nigra austriaca)*, Atlaszeder *(Cedrus atlantica)* 4 m,
   b) stark wachsenden Bäumen mit artgemäß ähnlicher Ausdehnung wie Hainbuche *(Carpinus betulus)*, Vogelbeere *(Sorbus aucuparia)*, Weißbirke *(Betula pendula)*, Zierkirsche *(Prunus serrulata)*, Kiefer *(Pinus sylvestris)*, Lebensbaum *(Thuja occidentalis)* 2 m,
   c) allen übrigen Bäumen 1,5 m;
2. mit Obstbäumen, und zwar
   a) Walnußsämlingen 4 m,
   b) Kernobstbäumen, auf stark wachsenden Unterlagen veredelt sowie Süßkirschenbäumen und veredelten Walnußbäumen 2 m,
   c) Kernobstbäumen, auf schwach wachsenden Unterlagen veredelt, sowie Steinobstbäumen, ausgenommen Süßkirschenbäume 1,5 m;
3. mit Sträuchern (ausgenommen Beerenobststräuchern), und zwar
   a) stark wachsenden Sträuchern mit artgemäß ähnlicher Ausdehnung wie Alpenrose (*Rhododendron*-Hybriden), Felsenmispel *(Cotoneaster bullata)*, Flieder *(Syringa vulgaris)*, Goldglöckchen *(Forsythia intermedia)*, Wacholder *(Juniperus communis)* 1 m,
   b) allen übrigen Sträuchern 0,5 m;
4. mit Beerenobststräuchern, und zwar
   a) Brombeersträuchern 1,0 m,
   b) allen übrigen Beerenobststräuchern 0,5 m;
5. mit einzelnen Rebstöcken 0,5 m;

9

6. mit Baumschulbeständen 1,0 m,
   wobei die Gehölze mit Ausnahme der Baumschulbestände von Sträuchern
   und Beerenobststräuchern die Höhe von 2 m nicht überschreiten dürfen,
   es sei denn, daß die Abstände nach Nummern 1 oder 2 eingehalten werden.
7. mit Weihnachtsbaumpflanzungen 1,0 m,
   wobei die Gehölze die Höhe von 2 m nicht überschreiten dürfen, es sei
   denn, daß die Abstände nach Nummer 1 eingehalten werden.

Grenzabstände für Hecken § 45

1. Der Eigentümer und der Nutzungsberechtigte eines Grundstücks haben
   mit Hecken gegenüber den Nachbargrundstücken – vorbehaltlich des § 46
   – folgende Abstände einzuhalten:

1. mit Hecken über 1,5 m Höhe	0,75 m,
2. mit Hecken bis zu 1,5 m Höhe	0,50 m,
3. mit Hecken bis zu 1,0 m Höhe	0,25 m,

2. Hecken im Sinne des Absatz 1 sind Schnitt- und Formhecken, und zwar
auch dann, wenn sie im Einzelfall nicht geschnitten werden.

Ausnahmen § 46

1. Die doppelten Abstände nach den §§ 44 und 45, in den Fällen des § 44
Nr. 1a und Nr. 2a jedoch die 1¹/₂fachen Abstände mit Ausnahme der Abstände für die Pappelarten *(Populus)*, sind einzuhalten gegenüber Grundstücken, die

1. dem Weinbau dienen,
2. landwirtschaftlich, erwerbsgärtnerisch oder kleingärtnerisch genutzt werden, sofern nicht durch Bebauungsplan eine andere Nutzung festgelegt ist,
   oder durch Bebauungsplan dieser Nutzung vorbehalten sind.

2. Die §§ 44 und 45 gelten nicht für

1. Anpflanzungen, die hinter einer undurchsichtigen Einfriedung vorgenommen werden und diese nicht überragen,
2. Anpflanzungen an den Grenzen zu öffentlichen Grünflächen und zu Gewässern
3. Anpflanzungen zum Schutze von erosions- oder rutschgefährdeten Böschungen oder steilen Hängen,
4. Anpflanzungen gegenüber Grundstücken außerhalb des geschlossenen
   Baugebietes, die geringwertiges Weideland (Hutung) oder Heide sind
   oder die landwirtschaftlich oder gartenbaulich nicht genutzt werden, nicht
   bebaut sind und auch nicht als Hofraum dienen.

Berechnung des Abstandes § 47

Der Abstand wird von der Mitte des Baumstammes, des Strauches, der Hecke oder des Rebstocks bis zur Grenzlinie gemessen, und zwar an der Stelle, an der die Pflanze aus dem Boden austritt.

Ausschluß des Beseitigungsanspruchs § 51

1. Der Anspruch auf Beseitigung von Anpflanzungen, die geringere als die in den §§ 44 bis 50 vorgeschriebenen Abstände einhalten, ist ausgeschlossen, wenn der Nachbar nicht innerhalb von fünf Jahren nach dem Anpflanzen Klage auf Beseitigung erhoben hat. Dies gilt nicht für Anpflanzungen an der Grenze eines Wirtschaftsweges.
2. Werden für die in Absatz 1 genannten Anpflanzungen Ersatzpflanzungen vorgenommen, so gelten die §§ 44 bis 50.

Bodenpflege und Bodenmüdigkeit

Offenhalten des Bodens

Dieses Bodenpflegesystem dürfte seinen Anwendungsbereich in kleineren und mittelgroßen Gärten haben. Nach jahrelangen wissenschaftlichen Vergleichsuntersuchungen weiß man, daß die höchsten Erträge und die größten Früchte auf offenem Boden erzielt werden. Eine flache Lockerung des Bodens fördert die Bodendurchlüftung, hält die Bodenfeuchtigkeit länger und beseitigt durch das Unkrautfreihalten der Flächen Nährstoff- und Wasserentzug durch Unkräuter. Bei Steinobstarten und Kernobstarten auf schwach wachsenden Unterlagen (M 9 oder Quitte) sollte man eine flache Bodenbearbeitung durchführen. Das gleiche gilt auch für Beerenobst.

Mulchen und chemische Unkrautbekämpfung

Unter Mulchen versteht man das Eingrünen und regelmäßige Abmähen der Baumgassen. Dieses Bodenpflegsystem findet vor allem im Erwerbsobstbau, aber auch in größeren Obstgärten Anwendung. Der große Vorteil dieser Methode besteht darin, daß man auch bei schweren Böden oder auf hängigem Gelände nach langanhaltenden Niederschlägen dringende Arbeiten wie Pflanzenschutzmaßnahmen im Obstgarten oder in der Anlage verrichten kann. Da das Gras dem Boden Feuchtigkeit entzieht, sollte man nur in Gebieten mit über 700 mm Niederschlag pro Jahr zum Mulch-System übergehen. Die Baumstreifen werden dann mit Unkraut-Vernichtungsmitteln (Herbiziden) 1–2mal im Jahr abgespritzt. Bewährte Mittel, die den Boden

11

nicht nachteilig beeinträchtigen, sind Gramoxone, Reglone und Simazin. Diese Mittel kann man bei allen Obstarten einsetzen. Nicht auf grüne Blätter oder Triebe der Bäume bringen! Die Mittel mit langanhaltender Wirkung wie Domatol oder Ustinex führen bei Nachpflanzungen zu Wuchsdepressionen.

Bodenmüdigkeit

Symptome der Bodenmüdigkeit zeigen sich, wenn man z. B. jahrelang nacheinander Erdbeeren auf derselben Fläche kultiviert oder die gleichen Obstarten z. B. Steinobst auf Steinobst nachpflanzt. Die Bäume und Sträucher bringen nur geringe Wuchsleistungen, da die Wurzeln durch Nematoden, Älchen und Bakterien in ihrer Leistung gehemmt werden. Eine chemische Entseuchung bodenmüder Obstflächen mit Di-Trapex hat sich ebenfalls bewährt, sollte aber unter Leitung eines Fachmannes erfolgen.

Nährstoffe und Düngung

Voraussetzung für ein gesundes Wachstum der Obstbäume und Beerensträucher im Garten ist ein optimales Nährstoffangebot im Boden. Die meisten Pflanzennährstoffe sind in einer für die Pflanze aufnehmbaren Form im Boden vorhanden und werden nach Bedarf aufgenommen oder auch durch Regen- oder Schneewasser in tiefere Schichten ausgewaschen. Je nach Bodenart und Nutzung sind die Nährstoffvorräte größer oder kleiner, so daß man gerade bei Intensiv-Kulturen gezwungen ist, dem Obstbaum fehlende Nährstoffe in Form von Düngern anzubieten. Die beste Methode, vorhandene bzw. benötigte Nährstoffmengen aufzuzeigen, ist eine Bodenuntersuchung. Um zu sehen, welche Hauptnährstoffe evtl. zugeführt werden müssen, sollte man alle 4–5 Jahre den Boden des Obstgartens untersuchen lassen. Die Bodenproben werden von den Landwirtschaftsschulen oder Beratungsstellen, die meistens bei den Kreisverwaltungen ihren Sitz haben, angenommen und weitergeleitet. Bei neutralem bis schwachsaurem Boden sollten folgende Werte je 100 g Boden angestrebt werden: Phosphorsäure 30–40 mg, Kalium 35–45 mg, Magnesium 12–18 mg (MgO). Die Hauptnährstoffe, die der Pflanze in ausreichender Menge zur Verfügung stehen müssen, sind Stickstoff, Phosphor, Kalium und Kalk.

Stickstoff

Der Stickstoff, ein wichtiger Nährstoff, ist für das Triebwachstum unerläßlich, wird aber auch zum Aufbau von Eiweiß, Chlorophyll und Enzymen in der Frucht benötigt. Im Boden kennt man 3 Formen: die Nitratform (Salpeterform), sie ist schnell löslich und sofort für die Pflanze verfügbar; die Ammoniakform, sie hält sich länger im Boden und wird dort erst durch spezifische Bakterien in die für Pflanzen aufnehmbare Nitratform gebracht (nitrifiziert); die Nitritform, sie entsteht als Zwischenprodukt bei der bakteriellen Umwandlung von Ammoniak in Nitrat. Der Stickstoff kann als Kalkstickstoff bereits ab November bis Februar ausgebracht werden.

Stickstoffdünger
Die gebräuchlichsten Stickstoffdünger sind Kalksalpeter (schnellwirkend), Kalkammonsalpeter (schnell und anhaltend wirkend) und Kalkstickstoff (langsam und anhaltend wirkend). Ihre Löslichkeit bestimmt die Zeit der Anwendung. Kalkstickstoff im Winter, Kalkammonsalpeter im Frühjahr (April, Mai) und Kalksalpeter im Juni. Da der Stickstoff durch Regen schnell in tiefere Erdschichten ausgewaschen wird, muß der Obstbaum in jedem Jahr Stickstoffnachschub bekommen. Die Stickstoffgabe richtet sich nach dem Allgemeinzustand des Baumes. Schwache oder volltragende Bäume bekommen mehr Stickstoff, Bäume mit kräftigen Trieben und dunkelgrünem Laub bekommen weniger.

Stallmist und Jauche
Auch Stallmist und Jauche gelten als ausgesprochene Stickstoffdünger. Jauche oder Hühnermist sollten nur stark verdünnt oder in kompostierter Form Anwendung finden.

Organische Stickstoffdünger
Hornmehl, Hornspäne, Blutmehl und Guano. Alle diese organischen Dünger sind langanhaltend wirksam, da sie erst, mit Hilfe von Bakterien, in die mineralische Form umgewandelt werden. Von Naturaposteln werden diese „milden" Stickstoffdünger zur Zeit stark angepriesen, weil sie umweltfreundlicher sein sollen. Exakte chemische Untersuchungen haben aber bewiesen, daß auch diese organischen Dünger erst im Boden mineralisiert werden müssen, ehe die Pflanze sie aufnehmen kann. Die These, daß organisch gedüngtes Obst oder Gemüse gesünder ist als das mineralisch gedüngte, dürfte damit wissenschaftlich widerlegt sein.

Phosphor
Der Phosphor ist bei allen Stoffwechselvorgängen der Pflanze in Form von Phosphorsäure beteiligt. Besonders zur Blüten- und Fruchtbildung ist dieser Nährstoff unerläßlich. Phosphorsäure wird im Boden auch durch stärkere Niederschläge kaum ausgewaschen. Trotzdem muß dieser Nährstoff bei Bedarf neu zugeführt werden.

13

Phosphordünger

Die Art der Phosphorzufuhr hängt von der Bodeneigenschaft ab. Superphosphat wird vor allem bei schweren Lehmböden, die neutral bis alkalisch reagieren, eingesetzt. Zur Verbesserung von leichten, sandigen oder zur Versauerung neigenden Böden wird Thomasphosphat (Thomasmehl) bevorzugt. Da in diesem Dünger auch noch Magnesium und Spurenelemente vorhanden sind, wird der Pflanze eine ganze Nährstoffpalette angeboten. Beide Dünger können schon im Winter oder im zeitigen Frühjahr ausgebracht werden, da sie längere Zeit benötigen, bis sie durch Niederschläge an die Wurzeln herankommen. Phosphor bzw. Phosphorsäure ist anteilmäßig in den bekannten Volldüngern enthalten und kann auch auf diesem Wege der Pflanze in ausreichender Menge zugeführt werden.

Kalium

Dieser Nährstoff beeinflußt den Wasserhaushalt der Pflanzenzelle, regelt den Quellungszustand des Zellplasmas und spielt bei der Zellteilung und der Zellstreckung eine entscheidende Rolle. Ein gut mit Kalium versorgter Obstgarten übersteht Trockenperioden viel besser als bei Unterversorgung. Die Bäume und Sträucher sind widerstandsfähiger gegenüber Schädlingen und Krankheiten. Fruchtgröße und Fruchtfarbe werden positiv beeinflußt. Bei Kaliummangel entstehen an den Blatträndern der Obstbäume und Beerensträucher braune Stellen, die dann eintrocknen.

Kalidünger

Kalidünger werden entweder speziell oder auch als Mehrnährstoffdünger angeboten. Das 40er oder 50er Kali enthält Chlor und kann bei Kern- und Steinobst verwendet werden, beim Beerenobst sollte man aber besser auf einen anderen Kalidünger ausweichen, da Rote Johannisbeeren, Himbeeren und Stachelbeeren chlorempfindlich sind. Patentkali ist chlorfrei und durch seinen relativ hohen Anteil an Magnesium für den Obstgarten sehr wertvoll. Kali wird ebenfalls schon im Winter oder zeitigen Frühjahr ausgebracht.

Kalk

Calcium beeinflußt die Bodenstruktur und schließt die anderen Nährstoffe auf. Es fördert die Bodengare und ist am Kohlenhydrathaushalt der Pflanze beteiligt.

Kalkdünger

Die Form des zur Anwendung kommenden Kalkdüngers richtet sich nach der Bodeneigenschaft. Sandige oder leichtere Böden mit einem geringen Pufferungsvermögen werden mit kohlensaurem Kalk behandelt. Schwere, lehmige Böden kalkt man mit Branntkalk. Gerade bei der Stippigkeit (Seite 48) spielt auch die Aufkalkung des Bodens eine große Rolle.

14

Volldünger

Diese Form der Düngung wird von den meisten Obstgartenbesitzern bevorzugt. Im Volldünger sind alle Hauptnährstoffe wie Stickstoff, Phosphor, Kalium, Kalk und Magnesium sowie eine Reihe von Mikronährstoffen wie etwa Mangan enthalten, so daß der Baum alle für seine Entwicklung wichtigen Baustoffe hier vorfindet. Die bekanntesten Volldünger sind Nitrophoska (Blaukorn) und Rustica. Diese Volldünger werden im April (60%) und im Mai–Juni (40%) ausgebracht. Auch durch Mischdünger kann man dem Baum mit einer Düngung mehrere Nährstoffe gleichzeitig zuführen.

Befruchtungsverhältnisse

Einer der wichtigsten Faktoren für regelmäßigen und reichen Fruchtbehang im Obstgarten ist die Befruchtung. Hierbei wird der Blütenstaub (Pollen) durch Insekten oder auch durch den Wind auf die Narbe der Blüte übertragen. Nach kurzer Zeit bildet sich ein Pollenschlauch, der durch den Griffel bis zur Samenanlage hindurchwächst. Und dort findet dann die Verschmelzung der männlichen Samenzelle mit der weiblichen Eizelle statt, ein Embryo entsteht und entwickelt sich zur Frucht. Man kennt selbstfruchtbare (selbstfertile) Obstarten und selbstunfruchtbare (selbststerile) Obstarten. Bei den Süßkirschen gibt es sogar eine Selbstunfruchtbarkeit, Intersterilität genannt, bei der nur bestimmte Sorten einander befruchten können. Viele Obstgartenbesitzer klagen darüber, daß ihr Kirsch-, ihr Reneklodenbaum oder ihr Birnbaum keine oder nur wenige Früchte trägt. Schuld daran sind meistens fehlende Befruchtungssorten, die den genetisch passenden Blütenstaub für die Befruchtung liefern können. Man sollte deshalb genau über die Befruchtungsverhältnisse der Obstarten Bescheid wissen und bei selbstunfruchtbaren Obstarten gegebenenfalls mehrere Obstsorten pflanzen, um die Befruchtung zu sichern.

Äpfel

Alle Apfelsorten sind selbstunfruchtbar. Deshalb ist es ratsam, stets mehrere Apfelsorten zu pflanzen, um beste Voraussetzungen für eine reiche Ernte zu schaffen. Der Anteil guter Befruchtersorten in größeren Obstgärten sollte um 10% betragen. Es sind Klarapfel, James Grieve, Jonathan, Berlepsch, Cox und Oldenburg. Schlechte Befruchtersorten sind Kaiser Wilhelm und Boskoop.

Birnen

Auch die Birnen sind selbstunfruchtbar und benötigen Befruchtersorten (Pollenspender). Einige Sorten neigen zur sogenannten Jungfernfrüchtigkeit und bilden bei bestimmten äußeren Reizen (Klima oder Hormone) Früchte ohne vorhergehende Befruchtung. So kann man z. B. bei der Sorte Williams Christ durch das Hormon-Präparat Berelex noch Früchte „zaubern", wenn die Blüten erfroren sind. Gute Befruchtersorten: Clapps Liebling, Gellerts Butterbirne, Köstliche von Charneu und Gräfin von Paris. Schlechte Pollenspender: Alexander Lucas.

Süßkirschen

Bei Süßkirschen ist die Befruchtung sehr kompliziert. Nur bestimmte Sorten passen befruchtungsbiologisch zueinander. Durch langjährige Versuche von Professor Schanderl, Geisenheim, weiß man heute, daß folgende Kirschsorten die Befruchtung für andere Sorten garantieren: Hedelfinger für Schwarze Knorpel, Kassins Frühe, Schneiders Späte Knorpel. Große Prinzessin für Maibigarreau, Hedelfinger, Große Germersdorfer. Oder Schneiders Späte Knorpel für Hedelfinger, Büttners Rote Knorpel, Große Schwarze Knorpel, Kassins Frühe, Große Prinzessin.

Sauerkirschen

Sauerkirschen sind bis auf wenige Sorten, z. B. Koröser Weichsel, selbstfruchtbar. Man benötigt also nur Bäume einer Sorte, um die Befruchtung zu sichern.

Pfirsiche

Pfirsiche sind bis auf die Sorten J. Hale und Elberta selbstfruchtbar. Auch Nektarinen sind selbstfruchtbar.

Aprikosen

Aprikosen sind in den Sorten, die in Westeuropa angeboten werden, selbstfruchtbar.

Pflaumen und Zwetschen

Die Sorten Lütselsachser, Große Grüne Reneklode und Zimmers Frühzwetsche sind selbstunfruchtbar. Bühler Frühzwetsche, Hauszwetsche, Stanley und Wangenheims sind selbstfruchtbar.

Mirabellen

Die in Westeuropa verbreitete Nancy-Mirabelle ist selbstfruchtbar.

Walnuß

Die bisher untersuchten Walnußsorten sind alle selbstfruchtbar.

Haselnuß

Alle Haselnußsorten sind selbstunfruchtbar. Man sollte also mehrere Sorten zusammenpflanzen, um die Befruchtung zu sichern.

Johannisbeeren

Rote, Schwarze und Weiße Johannisbeeren sind selbstfruchtbar. Zur Erhöhung der Erträge sollte man trotzdem einige Sorten zusammenpflanzen.

Stachelbeeren sind selbstfruchtbar.

Himbeeren und Brombeeren

Beide Beerenobstsorten sind selbstfruchtbar.

Erdbeeren

Bei Erdbeeren gibt es alle Geschlechtsformen, rein weiblich, rein männlich und zwittrig (beide Geschlechter auf einer Pflanze). Um die Erträge zu erhöhen, sollte man immer mehrere Sorten nebeneinander pflanzen.

Unterlagen

Dieses Problem wird leider von den meisten Obstgartenliebhabern zu wenig beachtet. Man kauft einfach einen Baum, ohne sich über die Folgen eines Mißgriffs durch die falsche Unterlage im klaren zu sein. Bis auf eine Ausnahme (Pfirsichsorte Kernechter vom Vorgebirge) werden alle Baumobstarten auf Unterlagen veredelt, die die Wuchsleistung, die Fruchtbarkeit, das Lebensalter und die Anfälligkeit des Baumes gegenüber Krankheiten und Frost bestimmen. Der wichtigste Faktor bei der Wahl der Unterlage ist die Bodenqualität. Für leichte Böden werden stark wachsende Unterlagen verwendet, für bessere und gute Böden mittelstark bis schwach wachsende. Auch der zu wählende Pflanzabstand von Baum zu Baum hängt einzig und allein von der Güte des Bodens und von der Wuchskraft der Unterlage ab. Am fruchtbarsten sind die schwach wachsenden Unterlagen. Sie bringen regelmäßige, reiche Ernten und halten das Baumvolumen in Grenzen. Genau das sind die Kriterien, die der Gartenbesitzer heute an das Baummaterial stellt. Die Unterlagen werden in zwei große Gruppen eingeteilt: Die Sämlinge, die durch Aussaat gewonnen werden, und die vegetativ vermehrten Unterlagen, also Abrisse und Absenker. Die Bäume auf Sämlingsunterlagen wachsen sehr stark und kommen erst später in Ertrag. Nur für leichte Böden!

Beim Beerenobst erfolgt die Vermehrung ohne Veredlung durch Steckholz, Ableger, Ausläufer oder Wurzelschosse. Nur die Johannis- und Stachelbeerhochstämmchen werden auf Sämlinge veredelt. Die Johannisbeersorte Heinemanns Spätlese muß ebenfalls veredelt werden.

Apfel-Unterlage

Die vegetativ vermehrten Unterlagen, sogenannte Typen, die heute überall Verwendung finden, wurden vor allem in England, in den Forschungsanstalten East Malling und Malling Merton selektiert. Deshalb die Buchstaben M und MM.

Typ M9 (Gelber Metzer Paradies)

Apfelbäume auf dieser Unterlage bringen regelmäßige, frühe und sehr hohe Erträge. Die Bäume bleiben relativ klein, sind für kleine Gärten also sehr gut geeignet. Die Unterlage verlangt gute, humose Böden und ist empfindlich gegen Staunässe oder zu hohen Kalkgehalt des Bodens. Das Lebensalter der Bäume auf dieser Unterlage beträgt etwa 12–15 Jahre. Stark wachsende Sorten wie Boskoop, Berlepsch, Cox Orange, Melrose, Gloster und Jamba tragen auf dieser Unterlage regelmäßiger und reicher. M27 wächst schwächer als M9, ist aber noch nicht genug erprobt.

Typ M26

Eine Apfelunterlage, die in den letzten Jahren von sich reden macht. Sie ist genauso ertragreich wie Typ M9, kommt aber noch mit leichteren Böden zurecht. Sie wächst um $1/3$ stärker als Typ M9.

Typ M4 (Holsteiner Doucin)

Das ist die Standard-Unterlage für Gärten mit mittlerer Bodenqualität. Der Baum auf M4 wächst mittelstark, beginnt mit nennenswerten Erträgen ab 3.–4. Standjahr und erreicht ein Lebensalter von 25–30 Jahren.

Typ M7

Eine Unterlage, die die Wuchsstärke von M4 besitzt. Sie ist aber standfester und wächst nicht so steil wie M4. Sie findet auf leichteren bis mittelschweren Böden Verwendung.

Typ A2

Diese schwedische Unterlage wird für Bäume verwendet, die in Trockengebieten noch genügende Wuchsleistung und Früchte bringen sollen. A2 ist frosthart und wächst stark, bringt aber trotzdem relativ gute und gleichmäßige Erträge.

MM 106

Die Apfelbäume auf dieser Unterlage zeigen eine Wuchsleistung, die zwischen M 4 und M 9 liegt. Die Fruchtgröße auf MM 106 ist nicht so gleichmäßig und nicht so groß wie auf M 9. Für leichtere Böden noch als Dichtpflanzung geeignet. Die Unterlage gilt als frosthart, virusfrei und blutlausresistent.

Sämling

Bäume auf Sämling finden nur auf leichtesten Böden oder als Hochstämme Verwendung. Die Erträge sind unregelmäßig und setzen spät ein. Die Sämlingsunterlage ist frosthart und krankheitsunempfindlich.

Birnen-Unterlagen

Sämling

Der Sämling findet im Birnenanbau häufig Verwendung. Vor allem auf leichteren Böden, in nassen und kälteren Lagen und bei hohem Kalkgehalt des Bodens gibt man dieser Unterlage den Vorzug. Birnen auf Sämling sind starkwüchsig und setzen mit dem Ertrag je nach Sorte erst nach 6–8 Jahren ein.

Quitte – A

Diese vegetativ vermehrte Unterlage wächst schwach bis mittelstark und eignet sich nur für gute, humose Böden ohne Staunässe oder hohen Kalkgehalt. Birnen auf Quitte tragen schon ab 3. Standjahr und bringen hohe Erträge. Die Quittenunterlagen sind nicht mit allen Edelsorten verträglich, deshalb schaltet der Baumschuler Zwischenveredlungen ein, das sind Sorten, die mit der Unterlage gut verwachsen (Gellerts Butterbirne oder Pastorenbirne).

Süßkirsch-Unterlagen

Vogelkirsche (Prunus avium)

Dieser Süßkirschensämling ist immer noch eine der meistverwendeten Unterlagen. Bäume auf Vogelkirsche sind starkwüchsig und bilden große Kronen. Besonders gleichmäßige Selektionen sind kaum erhältlich.

Typ F 12/1

Dieser englische Typ hat sich in den letzten Jahren stark in den Vordergrund geschoben, da Süßkirschbäume auf dieser Unterlage schwach wachsen, früher und reicher tragen und niedere Bäume bilden. F 12/1 gilt als gummifluß-resistent und verlangt gute Böden.
Unterlagen wie Steppenkirsche *(Prunus fructicosa)* oder Weichselkirsche *(Prunus mahaleb)* haben sich bisher wegen Unverträglichkeitserscheinungen nicht bewährt.

Sauerkirsch-Unterlagen

Vogelkirsche (Prunus avium)
Sauerkirschbäume auf dieser Unterlage werden für gute bis beste Böden verwendet. Sie wachsen mittelstark bis stark, sind langlebig und sehr ertragreich.

Weichselkirsche (Prunus mahaleb)
Für leichte, sandige und trockene Standorte ist diese Sämlingsunterlage am besten geeignet. Leider ist das Saatgut nicht immer einheitlich, so daß das Wachstum der Bäume stark variiert. Einige Sorten können unverträglich sein.

Walnuß-Unterlagen

Schwarznuß (Juglans nigra)
Diese Unterlage setzt sich für den Walnußanbau auch in kleineren Gärten mehr und mehr durch. Veredelte Bäume auf Schwarznuß beginnen schon nach 3–4 Jahren mit dem Ertrag, bringen viele große Früchte und bilden kleinere Bäume mit kleineren Kronen. Leider sind diese Walnußveredlungen nicht in allen Baumschulen erhältlich. Die „Geisenheimer Baumschule" Hans Bartsch in Geisenheim am Rhein bietet sehr gute Veredlungen auf Schwarznuß an.

Walnuß (Juglans regia)
Dieser Walnuß-Sämling war bisher die Standardunterlage. Vielfach werden auch nur diese Sämlinge unveredelt als Bäume verkauft. Diese Bäume kommen spät in Ertrag und sind sehr starkwüchsig.

Beerenobst
Beim Beerenobst werden lediglich die Johannisbeer- und Stachelbeerhochstämme auf Unterlagen veredelt. Verwendung finden für Johannisbeeren bestimmte Klone der Goldjohannisbeere (Ribes aureum) und für Stachelbeeren Klone von Ribes arboreum. Diese Unterlagen dienen vor allem als Stammbildner, sind mit allen Sorten verträglich und sollten verwendet werden, wenn man unter diesen Beerenobst-Stämmchen noch Unterkulturen wie z. B. Gemüse pflanzen will. Die Johannis- oder Stachelbeer-Hoch- oder Fußstämmchen sind meistens kurzlebiger als die Stachel- oder Johannisbeerbüsche, die immer wieder aus der Wurzelzone neue Triebe bilden.

Stammbildner-Gerüstbildner-Zwischenveredlung

Bei den meisten Bäumen wird durch die Edelsorte selbst, die auf die Unterlage veredelt worden ist, der Stamm gebildet. Bei einigen Obstarten, vor allem bei Apfel und Birne, ist man aus bestimmten Gründen gezwungen, einen Stammbildner einzuschalten. Niedere, besonders früh und reich tragende Birnbäume werden in der Baumschule durch Veredlung der Edelsorten auf Quittenunterlagen herangezogen. Mehrere Birnenedelsorten zeigen aber, wenn sie auf Quitte veredelt sind, sofort oder nach Jahren Anzeichen von Unverträglichkeit. Die Bäume zeigen Wuchsdepressionen, bekommen gelbliches Laub oder brechen bei größerer Beanspruchung durch Wind und Fruchtbehang an der Veredlungsstelle ab. Um diese Gefahr von vornherein auszuschließen, schaltet der Baumschuler eine Zwischenveredlung ein. Diese Zwischenveredlung besteht aus einer Birnenedelsorte, die sich physiologisch mit der Quittenunterlage verträgt. Bei Birnen sind das die Birnensorten Gellerts Butterbirne oder Pastorenbirne. Eine dieser beiden Sorten wird also zunächst auf die Quittenunterlage okuliert und bildet im nächsten Jahr die Zwischenveredlung bzw. den Stammbildner. Auf diese Zwischenveredlung wird dann im zeitigen Frühjahr die eigentliche Edelsorte aufveredelt – aufgepfropft. Eine Methode, die beide Arbeitsgänge (Veredlungen) in einem Arbeitsgang vereinfacht, ist das Nicolieren (siehe Veredlung). Hier wird zunächst in den T-Schnitt der Quittenunterlage ein dünnes Holzscheibchen der Sorte Gellerts Butterbirne eingeschoben, und darauf wird dann das Auge der gewünschten Edelsorte aufgesetzt. Durch diesen Trick kommt der Holzteil der Edelsorte nur mit dem Holzteil der Gellerts Butterbirne in Berührung und letztere wiederum nur

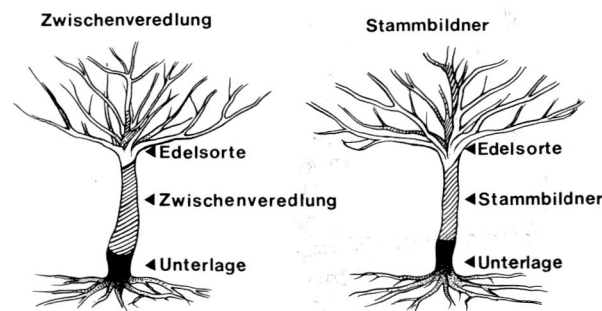

Bild 2. Zwischen-
veredlung oder
Stammbildner
müssen in beson-
deren Fällen einge-
schaltet werden.

21

mit dem Holzteil der Quitte. Die Unverträglichkeit zwischen Quitte und Edelsorte wird damit überbrückt. Mit Quitten verträglich sind nur die Birnenedelsorten Gellerts Butterbirne, Pastorenbirne und Alexander Lucas. Alle anderen Birnensorten müssen, wenn man die Quitte als Unterlage benutzt, auf Zwischenveredlung herangezogen werden. Die Verträglichkeit zwischen bestimmten veredelten Teilen eines Baumes nennt man Affinität. Eine andere Notwendigkeit, Zwischenveredlungen oder Stammbildner zu verwenden, ist die mangelnde Widerstandsfähigkeit einer Edelsorte gegenüber Frost oder Krankheiten. In besonders kalten Wintern kommt es vor, daß frostempfindliche Apfelsorten wie Ontario oder Berlepsch total erfrieren. Um in solchen Fällen wenigstens die zuerst gefährdete tiefere Stammzone vor Frostschäden zu bewahren, kann man mit Hilfe von frostsicheren Stammbildnern Totalschäden verhüten. Bewährte Stammbildner sind die Sorten Virginia Crab, Jakob Fischer und Maunzen, von denen vor allem die beiden letzteren für diese Zwecke eingesetzt werden. Oft geht man dann noch einen Schritt weiter und läßt durch diese Zwischenveredlungen sogar einen Teil des Astgerüstes bilden. Solche Sorten werden dann als Gerüstbildner bezeichnet. Durch diese Stammbildner und Gerüstbildner wird erfahrungsgemäß die Wuchskraft der Edelsorten verstärkt, da alle Stammbildnersorten von Natur aus sehr wüchsig und robust veranlagt sind. Dank dieser Robustheit werden Stammbildner auch als Zwischenveredlung für Edelsorten eingesetzt, bei denen die Veredlungsstelle in Bodennähe krebsanfällig ist. Aus diesem Grunde greift man bei der bekannten und beliebten Sorte Cox Orange in Gebieten mit hoher Luftfeuchtigkeit zum Stammbildner, um der Gefahr durch zu hohen Baumausfall zu begegnen. Auch bei Sorten, die von Natur aus krumm oder hängend wachsen, wird, um zu einem geraden Stamm zu kommen, in der Baumschule ein Stammbildner eingeschaltet.

Vermehrung und Selbstanzucht

Alle Beerenobstarten (Himbeere, Brombeere, Stachelbeere, Johannisbeere) und Haselnüsse können vom Obstgartenliebhaber mit etwas Fachwissen sehr leicht selbst vermehrt werden. Da bis auf zwei Ausnahmen (bei der Johannisbeersorte Heinemanns Spätlese und bei der Anzucht von Stachel- und Johannisbeerhochstämmchen) nichts veredelt werden muß, ist es auch für den Laien einfach und unkompliziert, sich selbst neue Beerenobst- oder Haselnußbüsche heranzuziehen. Als Ausgangsmaterial dienen Triebe, Triebteile

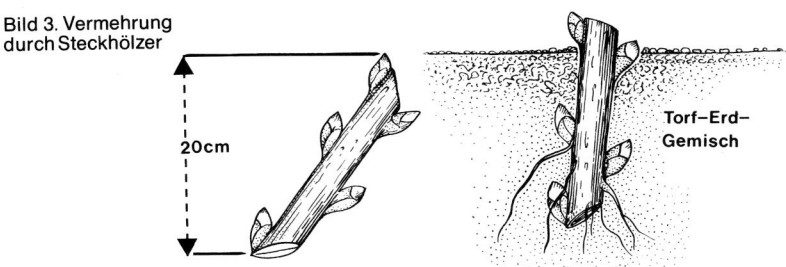

Bild 3. Vermehrung durch Steckhölzer

20cm

Torf–Erd–
Gemisch

oder Wurzelstücke, die von älteren Sträuchern gewonnen werden. Diese Art der Vermehrung nennt man vegetative Vermehrung, und die Produkte davon werden als Klone oder Typen bezeichnet.

Steckholz
Durch Steckholz werden vor allem Rote und Schwarze Johannisbeeren vermehrt. Man schneidet zur Zeit der Vegetationsruhe, also zwischen November bis Januar, gesunde starke, einjährige Triebe (das sind die Triebe, die im letzten Sommer gewachsen sind) auf 20–25 cm lange Stücke.
Ein solches Steckholz wird dann feucht (in Torf) und kühl aufbewahrt und im zeitigen Frühjahr bis auf 2 Knospen in lockeren, mit Torf angereicherten Boden gesteckt.
Unter der Erdoberfläche bildet dieses Steckholz ab Frühjahr Wurzeln und treibt aus den oberirdischen Knospen 2–3 Triebe. Wenn man diese jungen Triebe nach einer Trieblänge von ca. 5 cm pinciert (abschneidet), verzweigt sich der Busch schon im 1. Jahr. Bis Spätherbst haben wir dann schon fertige Johannisbeerbüsche für den Garten.

Ableger und Absenker
Mit dieser Methode können wir Stachelbeeren, Brombeeren und Haselnüsse selbst vermehren.

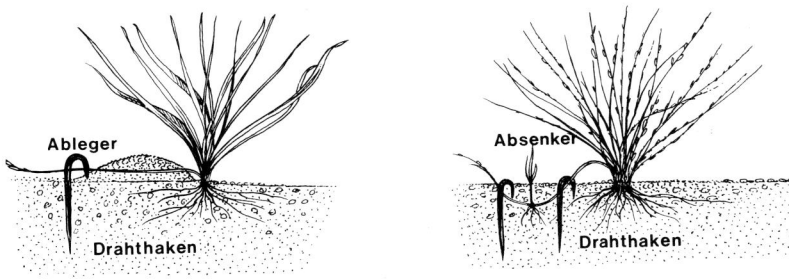

Ableger

Absenker

Drahthaken

Drahthaken

Bild 4. Vermehrung durch Ableger und Absenker

Im Frühjahr werden 1–2jährige, erdnahe Triebe auf den Erdboden gelegt oder beim Absenken in den Boden eingesenkt. Diese Triebe werden anschließend mit Drahthaken festgehakt und mehrere Zentimeter mit einem Erd-Torf-Gemisch angehäufelt. Im Laufe des Sommers bilden die unterirdischen Triebstücke Wurzeln und Triebe aus. Im Spätherbst werden diese Ableger dann von der Mutterpflanze abgetrennt und an Ort und Stelle aufgepflanzt. Bei guter Bewurzelung und entsprechender Triebbildung kann man aus einem Ableger bzw. Absenker auch mehrere neue Pflanzen gewinnen.

Wurzelausläufer
Himbeeren und Brombeeren bilden jedes Jahr von sich aus Wurzelausläufer, die man dann im Spätherbst einfach mit dem Spaten aussticht, auf Handbreite zurückschneidet und aufpflanzt.

Abrisse
Durch Abrisse können vor allem Apfel- und Zwetschenunterlagen gewonnen werden. Ältere Bäume bilden fast in jedem Jahr sogenannte Bodentriebe

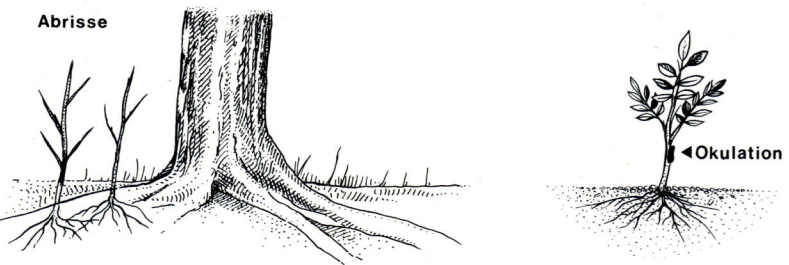

Bild 5. Die Gewinnung von Unterlagen durch Abrisse

aus, die als Abrisse verwendet werden können. Man reißt diese Triebe ab oder gräbt sie zur Zeit der Vegetationsruhe so aus, daß noch ein Teil der Wurzeln erhalten bleibt. Diese Abrisse werden dann im Frühjahr auf 40 cm zurückgeschnitten und zur Hälfte in mit Torf angereicherten Boden eingepflanzt. Ende Juli bis Mitte August kann man dann auf diese Abrisse durch Okulation die gewünschte Edelsorte aufveredeln.

Sämlinge
Durch Stecken oder Aussäen von Kern- und Steinobst-Kernen kann man sich auch auf diese Weise Unterlagen zum Veredeln selbst heranziehen. Man sollte diese Kerne, bevor man sie steckt, dem Frost aussetzen, sie stratifizieren. Auch hier kann man im darauffolgenden Jahr die gewünschten Obstsorten aufveredeln. Diese Bäume wachsen aber bei Kernobst zu stark.

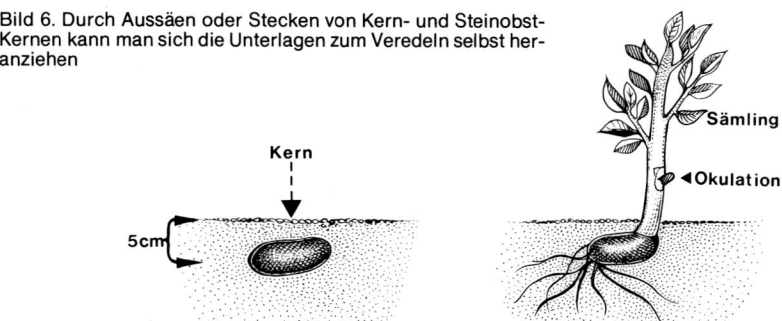

Bild 6. Durch Aussäen oder Stecken von Kern- und Steinobst-Kernen kann man sich die Unterlagen zum Veredeln selbst heranziehen

Kern

5cm

Sämling

◄Okulation

Kronenformen

Pyramidenkrone

Diese Kronenform ist auch in den Obstgärten sehr stark verbreitet. Vor allem bei stark wachsenden Obstarten wie Birnen, Äpfeln, Süßkirschen, Zwetschen und Aprikosen hat sich die Erziehung in pyramidaler Form bewährt. Das Kronengerüst besteht aus einem Mitteltrieb und 3–4 Seitentrieben. Die Seitenleittriebe sind stets dem Mitteltrieb untergeordnet und sollen gleichmäßig nach allen Richtungen erzogen werden. Am Mitteltrieb wird während der Erziehung des Baumes, also im 2.–4. Jahr, ein zweites Astgerüst angeschnitten, das dann in den folgenden Jahren eine ausreichende Fruchtholzentwicklung auch im Inneren der Krone garantiert.

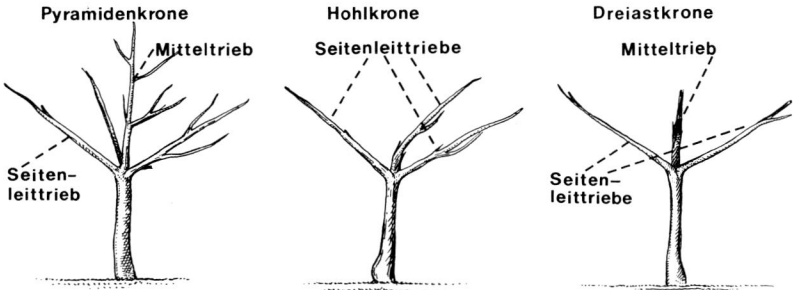

Pyramidenkrone   Hohlkrone   Dreiastkrone

Mitteltrieb   Seitenleittriebe   Mitteltrieb

Seiten-
leittrieb

Seiten-
leittriebe

Bild 7. Verschiedene Kronenformen, die man durch bestimmten Schnitt erzieht

25

Hohlkrone

Bei Obstarten, die sehr viel Licht benötigen und die mittelstark wachsen, wird die Hohlkrone bevorzugt, da durch das Fehlen des Mitteltriebes das Kroneninnere ebenfalls gut belichtet wird. Bei Pfirsichen, Sauerkirschen und Mirabellen findet diese Kronenform Verwendung. Die Krone besteht lediglich aus 3–4 Seitenleitästen. Eine abgewandelte Hohlkrone, bei der sich die Seitenleitäste nochmals gabeln, ist die Trichterkrone.

Dreiastkrone

Zur Erziehung von Spalieren oder auch von sogenannten Hecken wird die Zahl der Seitenleittriebe auf 2 beschränkt. Die Erziehung dieser Kronenform erfolgt also nur in einer Dimension. Der Mitteltrieb wird dabei so angeschnitten, daß sich der Anschnitt in Höhe der beiden Anschnitte der Seitenleittriebe befindet. Dadurch wird verhindert, daß der Baum zu stark durch den Mitteltrieb treibt und später die Seitenpartien überbaut werden.

Pillarkrone

Diese neue Erziehungsform ist auf Seite 56 beschrieben.

Pflanz- und Erziehungsschnitt bei Pyramiden-Krone
(Für Birnen, Äpfel, Süßkirschen, Zwetschen und Aprikosen)

Pflanzschnitt
Beim Pflanzschnitt werden alle verbleibenden Triebe um $^2/_3$ ihrer Länge zu-

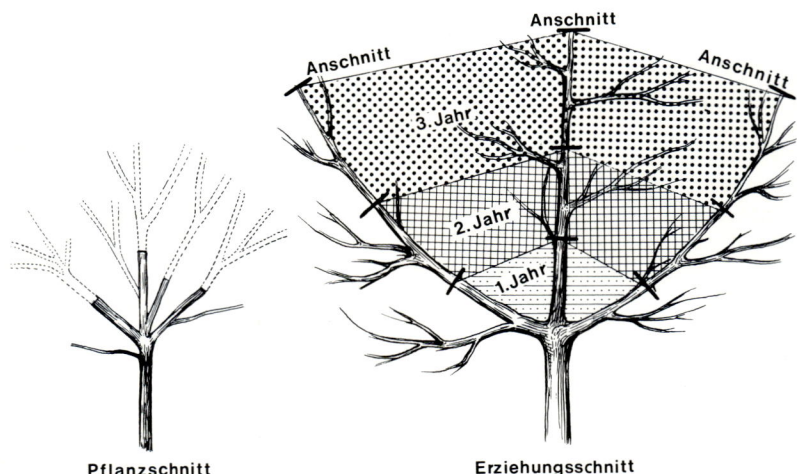

Pflanzschnitt   Erziehungsschnitt

Bild 8. Pflanz- und Erziehungsschnitt bei Pyramidenkrone

26

rückgeschnitten. Dieser scharfe Rückschnitt ist nötig, da ja der Baum beim Ausgraben in der Baumschule mehr als die Hälfte seiner Wurzeln verloren hat. Zunächst sucht man sich beim Pflanzschnitt die 3–4 stärksten und in der nötigen Richtung stehenden Triebe aus und schneidet sie auf o. a. Länge zurück. Der Mitteltrieb wird dann so weit eingekürzt, daß er die Seitenleittriebe um ca. 20 cm überragt. Alle anderen Steiltriebe werden weggeschnitten. 1–2 waagerechte Triebe kurz unter der Krone kann man auch stehenlassen. Sie werden nicht angeschnitten.

Erziehungsschnitt
Um dem Baum ein entsprechendes Gerüst zu geben, werden in den folgenden 3–4 Jahren die Seitenleittriebe und der Mitteltrieb um etwa $1/4$ bis $1/3$ zurückgeschnitten. Bei schwachem Neutrieb wird stärker, bei starkem Neutrieb schwächer zurückgeschnitten. Alle Steiltriebe werden entfernt. In etwa 60–80 cm Entfernung vom unteren Astgerüst werden am Mitteltrieb leicht schrägstehende Triebe zur Erziehung für das 2. Astgerüst schwach angeschnitten.
Beim Anschneiden der Seitenleittriebe ist darauf zu achten, daß immer auf ein Auge (Knospe) nach außen geschnitten wird, damit die Krone weiter auslädt. Bei stark wachsenden Obstsorten wie Boskoop, Cox etc. sollte man viele Triebe waagerecht binden, um dadurch die Fruchtbarkeit zu erhöhen.

Pflanz- und Erziehungsschnitt bei Hohlkrone
(für Pfirsiche, Sauerkirschen und Mirabellen)

Pflanzschnitt
Da bei der Hohlkrone der Mitteltrieb entfällt, wird durch einen fachgerechten Pflanzschnitt dafür gesorgt, daß sich der Baum gleich zur Hohlkrone entwickelt. Dazu wird der Mitteltrieb in der gewünschten Höhe auf einen schrägstehenden Seitentrieb oder auf ein gut entwickeltes Auge (Knospe) abgeschnitten. Dann sucht man sich 3–4 stärkere, schrägstehende Seitentriebe aus und schneidet sie um $2/3$ ihrer Länge zurück. Bis auf 1–2 waagerechtstehende Triebe werden alle anderen Triebe entfernt. Bei einjährigen Veredlungen, vor allem beim Pfirsich, wird noch schärfer zurückgeschnitten.

Erziehungsschnitt
In den folgenden Jahren werden die 3–4 Seitenleittriebe um $1/4$ bis $1/3$ zurückgeschnitten. Alle Steiltriebe oder starken Triebe, die in die Mitte der Krone hineinwachsen, werden weggeschnitten. Ab 3. Jahr werden die Peitschentriebe bei den Sauerkirschen auf jüngere, hellere Triebe abgeleitet. Peitschentriebe sind abgetragene Zweige, die kaum noch austreiben.

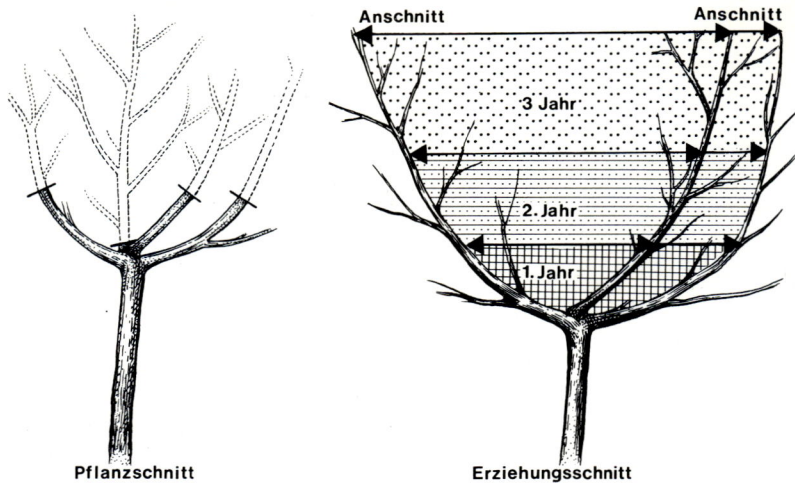

3. Jahr

2. Jahr

1. Jahr

Pflanzschnitt   Erziehungsschnitt

Bild 9. Pflanz- und Erziehungsschnitt bei Hohlkrone

Auch bei Pfirsichen werden ab 3.–4. Jahr etwa die Zweige, die getragen haben, auf jüngeres Holz abgeleitet.

Pflanzschnitt und Erziehungsschnitt bei Dreiastkrone
(für alle Baumobstsorten außer Süßkirsche und Walnuß)

Pflanzschnitt
Für die Erziehung zur Dreiastkrone ist ein Drahtgerüst nötig. Bei Pfahlabständen von 10 m werden in 70, 140 und 200 cm Höhe 3 Drähte (3,1 mm) gespannt, an die der Baum in den ersten 4 Jahren gebunden wird. Der Mitteltrieb wird beim Pflanzschnitt so angeschnitten, daß er etwa in der Saftwaage zu den beiden Seitenleittrieben steht (alle 3 Anschnitte sollen bei Schrägstellung der Seitenleittriebe etwa in gleicher Höhe sein). Außer 1–2 waagerechten Trieben werden alle anderen entfernt. Die beiden Seitenleittriebe werden durch Anbinden an den 1. Draht so in Schrägstellung gebracht, daß Seitentriebe zum Mitteltrieb einen Winkel von 45° einnehmen.

Erziehungsschnitt
In den folgenden Jahren wird bei den Seitenleittrieben die gleiche Schrägstellung beibehalten und der Mitteltrieb immer in gleicher Höhe der angeschnittenen Seitenleittriebe abgeschnitten. Bei erreichter Höhe, etwa nach dem 4. Jahr, werden Mitteltrieb und Seitenleittrieb bei 2,20–2,50 m auf einen schräg oder waagerecht stehenden Nebentrieb abgeschnitten – abgeleitet. In Höhe des 2. Drahtes kann am Mitteltrieb ein 2. Astgerüst geschaffen werden,

28

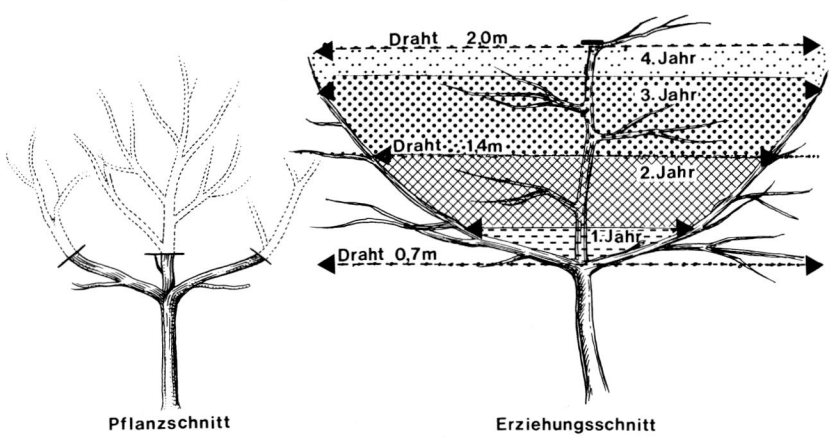

Pflanzschnitt   Erziehungsschnitt

Bild 10. Pflanz- und Erziehungsschnitt bei Dreiastkrone

indem man stärkere Triebe an den Draht waagerecht bindet. Alle Steiltriebe werden jährlich entfernt oder einige davon waagerecht an den Draht gebunden.

Kunstgriffe im Obstgarten
Maßnahmen zur Triebförderung

Kerben

Bei Jungbäumen kommt es öfter vor, daß sich die Krone einseitig ausbildet, weil einzelne Knospen nicht austreiben oder sich nur schwach entwickeln. Hier kann man durch Kerben an den Kahlstellen den Baum zwingen, auszutreiben. Im Februar oder März wird etwa 1 cm über der Knospe, aus der der neue Trieb entstehen soll, ein halbmondförmiges Rindenschildchen herausgelöst. Dieser Schnitt sollte ca. 0,5 cm tief sein. Durch diese Maßnahme wird der Saftstrom an dieser Knospe gestaut und zwingt das Auge zum Austrieb.

Vorspann

Wenn Ihre Bäume nicht so richtig wachsen wollen, kann man durch diese Maßnahme das Wachstum durch eine stärkere Unterlage fördern. Sie wird

29

in 10 cm Abstand vom Stamm eingepflanzt und im Jahr darauf, wenn sie entsprechend ausgetrieben hat, durch Einspitzen in den Stamm veredelt. Die Unterlagen bekommt man in Baumschulen, oder man gräbt sie bei eigenen Bäumen als Wurzelschößling aus.

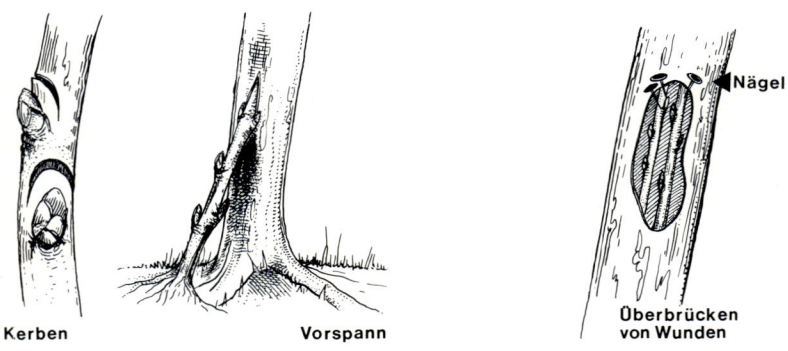

Kerben   Vorspann   Überbrücken von Wunden

Bild 11 (links). Kerben über der Knospe und Vorspann fördern die Bildung von Trieben
Bild 12 (rechts). So werden Wunden durch Wildverbiß überbrückt

Überbrücken

Zur Überbrückung von Wunden durch Wildverbiß veredelt man einjährige Triebe „hinter die Rinde" ein und nagelt sie am oberen Teil mit kleinen Pappnägeln fest. Alle Schnittstellen mit Baumwachs verstreichen.

Maßnahmen zur Fruchtknospenbildung und Triebbremsung

Abstechen der Wurzeln

Wenn einer der Bäume im Garten zu starktriebig ist und wenig Früchte bringt, kann man ihn durch Abstechen der Wurzeln in die generative Phase zwingen. Hierzu hebt man unter der Kronentraufe einen 40 cm tiefen Graben aus und sticht alle Wurzeln ab.

Bastringelung

Im Juli wird ein etwa 2 cm breiter Rindenstreifen rings um den Baum entfernt. Man unterbindet dadurch den Nährstoffnachschub bis der Baum diese Zone wieder überbrückt hat. Die Wundstellen sollten nicht mit Wachs verstrichen werden, um eine schnelle Schließung zu gewährleisten.

Strangulieren

Hierbei wird durch einen Draht, den man im zeitigen Frühjahr um den Stamm schlingt, der Saftstrom in die Wurzeln unterbrochen. Damit der Draht später wieder abgehoben werden kann, unterlegt man ihn mit Blechstreifen.

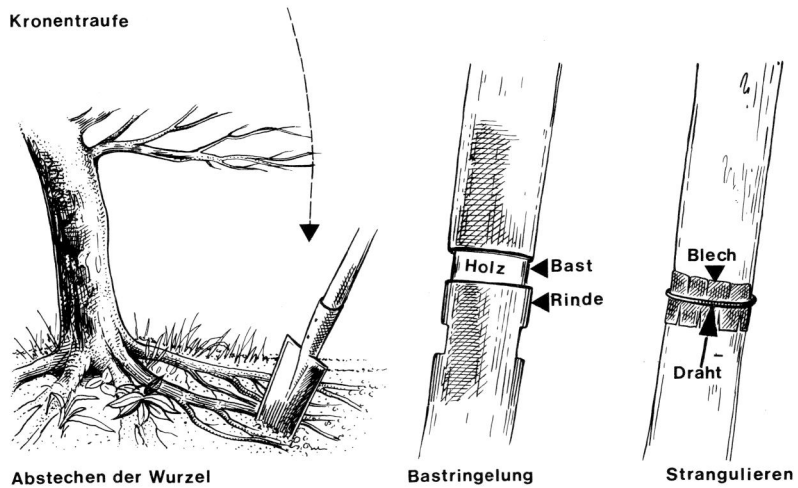

Kronentraufe

Holz | Bast
Rinde

Blech
Draht

Abstechen der Wurzel   Bastringelung   Strangulieren

Bild 13. Maßnahmen zur Fruchtknospenbildung und Triebhemmung

Veredlungsmethoden

Die Okulation

Diese Veredlungsmethode wird auch Augenveredlung genannt. Die Okulation findet vor allem in Baumschulen Anwendung. In den Monaten Juli–August werden die verschiedenen Obstunterlagen veredelt. Aus diesen Veredlungen wachsen dann im Jahr darauf die Bäume heran. Für den Obstgarten besteht über diese Veredlungsart die Möglichkeit, bei Obstarten wie Pfirsichen, Mandeln oder Aprikosen, die sich schlecht umpfropfen lassen, andere Obstarten aufzuveredeln. Wichtig hierbei ist, daß in das 1–2jährige Holz okuliert wird. Wer Spaß daran hat, sich einen Baum selbst heranzuziehen, kann als Unterlage die nahe am Stamm von älteren Obstbäumen herauswachsenden Bodentriebe verwenden. Diese werden im März so herausgegraben, daß sie einige Wurzeln behalten, und aufgepflanzt. Im Juli–August erfolgt dann die Okulation. Die Edelreiser zur Okulation werden am besten kurz vorher geschnitten und bis auf einen kurzen Blattstiel entblättert. Als Edelreiser verwendet man nur Triebe, die im gleichen Jahr gewachsen sind. Mit dem Okuliermesser wird dann das Auge (die Knospe) mit einem 1–2 cm langen Schild herausgeschnitten. Aus dem Rindenteil, der hinter dem Auge

31

beim Herausschneiden drangeblieben ist, wird der Holzteil durch leichtes Anknicken herausgelöst. Dabei löst sich auch der Holzteil über der Innenfläche des Auges mit heraus. Jetzt wird in die Unterlage ein T-Schnitt gemacht und die Rindenflügel mit dem am Messer befindlichen Löser abgehoben. Nun schiebt man das Auge mit dem Schild voran in die Öffnung und schneidet den Rindenteil in Höhe des waagerechten Schnittes ab. Dann wird die Schnittstelle mit Bast von unten nach oben dicht verbunden; das Auge muß natürlich frei bleiben. Damit der Bast hält, bildet man am oberen Teil der Okulation eine Schlinge, steckt das Ende des Bastes 2mal durch und zieht nach rechts den Bast fest. Die Okulation braucht nicht mit Wachs verstrichen zu werden. Nach 4–6 Wochen wird lediglich der Bastverband entfernt. Im Frühjahr darauf wird ca. 10 cm über dem Edelauge die Unterlage abgeschnitten und der Neutrieb an diesen Zapfen gebunden. Im November wird der Zapfen entfernt, und der 1jährige Baum ist fertig.

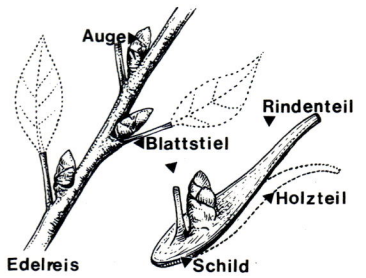 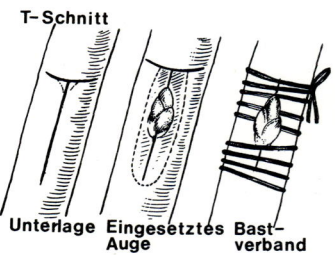

Bild 14. Die Okulation oder Augenveredlung

Rindenpfropfen und verbessertes Rindenpfropfen

Diese Veredlungsart wird im Obstgarten zum Umveredeln von älteren Bäumen am meisten angewandt. Die Edelreiser müssen schon im Laufe des Winters (Januar–Februar) geschnitten werden. Auch hier sind etwa bleistiftstarke, einjährige Triebe zu verwenden. Diese Reiser werden entweder im kühlen Keller in Sand oder Torf gesteckt und feucht gehalten oder aber an einer schattigen Stelle am Haus oder im Freien 15 cm tief in feuchten Boden eingeschlagen. Zur Veredlungszeit, Mitte April bis Anfang Mai, wird dann gepfropft. Die Äste, die umveredelt werden sollen, müssen kurz vorher abgesägt und die Oberfläche mit dem Messer nachgeschnitten werden. Wegen der besseren Saftregulierung sollten unbedingt einige „Zugäste" stehenbleiben. Der Veredlungsschnitt am Ast wird bei waagerechter Schnittfläche gegen die Windrichtung (Südwest) und bei senkrechter Schnittfläche am oberen Teil durchgeführt. Nun werden die beiden Rindenflügel gelöst und abgehoben. Das Edelreis, das vorher durch einen ca. 3–4 cm langen Schräg-schnitt (Kopulationsschnitt) angeschnitten und nach 3–4 Augen am oberen Ende abgeschnitten wurde, wird jetzt eingeführt.

Dabei soll das Reis nur so weit eingeschoben werden, daß der halbmondför-mige Anfang des Schrägschnittes auf der Rückseite des Edelreises noch zu sehen ist. Beim verbesserten Rindenpfropfen (nach Wenck) wird nur ein Rindenflügel am Ast gelöst und das Edelreis auf der Seite, wo der Rindenflü-gel nicht abgehoben wurde, leicht angeschnitten. Eine bessere Verwachsung von Edelreis und Unterlage ist dadurch gewährleistet. Anschließend nach dem Einschieben des Edelreises wird die Veredlung von unten nach oben in losen Abständen mit Bast verbunden, die Augen müssen natürlich freiblei-ben. Mit Baumwachs werden alle Schnittflächen, auch die am Pfropfkopf des Edelreises, gut verstrichen. Nach 6 Wochen sollte der Bastknoten durch-schnitten werden. Je nach Durchmesser der Umveredlungsstelle können auch mehrere Reiser auf einen Pfropfkopf eingesetzt werden.

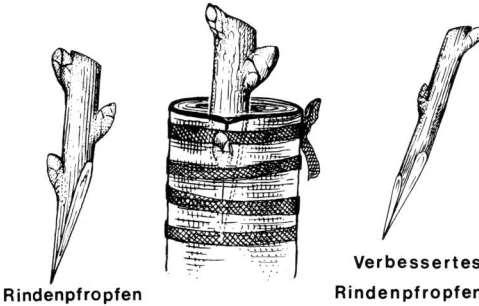

Bild 15. Das Rindenpfropfen zum Umveredeln von älteren Bäumen

Rindenpfropfen

**Verbessertes
Rindenpfropfen**

Das Kopulieren
Diese Veredlungsart wird angewendet, wenn Unterlage und Edelreis etwa gleichstark sind. Also bei Jungbäumen zum Umveredeln oder bei stärkeren Unterlagen zum Aufveredeln der Edelsorte. Da man bei dieser Methode nicht auf das Lösen der Rinde angewiesen ist, können die Bäume oder Un-terlagen schon ab Februar–März veredelt werden. Die Edelreiser werden schon im Januar geschnitten und in feuchten Torf oder Sand an einen kühlen oder schattigen Platz gesteckt. Die Knospen der Edelreiser sollen beim Ver-edeln noch in der Winterruhe sein. Bei stark geschwollenen oder angetriebe-nen Knospen sind die Anwachsprozente gering.

Zuerst wird beim Kopulieren an der Unterlage ein längerer (3–4 cm), schrä-ger Schnitt gefertigt. Dieser Schnitt wird auch Kopulierschnitt genannt. Nun sucht man sich ein Edelreis aus, das etwa gleich stark ist. Auch hier wird dann ein etwa gleichlanger Kopulierschnitt gemacht und das Edelreis nach 3–4 Augen (Knospen) abgeschnitten. Beide Teile werden nun aufeinandergelegt

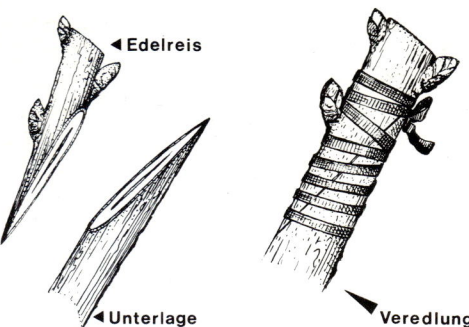

Bild 16. Das Kopulieren wendet man an, wenn Unterlage und Edelreis etwa gleich stark sind.

und von unten nach oben mit Bast verbunden. Die Bastfäden werden in kleinen Abständen so angelegt, daß die Augen am Edelreis freibleiben. Anschließend wird die Veredlung und auch der Pfropfkopf am Edelreis mit Baumwachs verstrichen.

Das Anschäften

Das Anschäften wird dann praktiziert, wenn die Unterlage zu stark für eine Kopulation oder zu schwach zum Pfropfen hinter die Rinde ist. Am Edelreis wird ein normaler Kopulierschnitt angebracht, an der Unterlage dagegen wird nur ganz flach in die Rinde eingeschnitten. Verbinden und Verschmieren werden wie bei der Kopulation gehandhabt.

Geißfußpfropfen

Das Geißfußpfropfen ist kompliziert und verlangt einige Übung. Es wird in den Baumschulen angewendet, wenn andere Sorten auf bereits 2jährige Jungbäume veredelt werden sollen. Im Obstgarten kann man diese Methode, wenn man sie beherrscht, bei Bäumen anwenden, die noch relativ jung sind. Mit dem Kopuliermesser werden am Edelreis zwei Kopulierschnitte angebracht, die in einem Winkel von 45–70° zueinander stehen. Dann wird an der Unterlage ein keilförmiger Anschnitt herausgeschnitten, in den das entsprechend vorbereitete Edelreis genau hineinpaßt. Dabei ist darauf zu achten, daß Kambium auf Kambium sitzt. Das unterste Auge sollte dabei etwa in der Mitte der angeschnittenen Edelreisspitze sitzen. Anschließend verbindet man die Veredlungsstelle von unten nach oben mit Bast. Zwischen den Bastfäden können ohne weiteres kleinere Zwischenräume offenbleiben. Das Auge, das in der unteren Hälfte des Geißfußes sitzt, darf natürlich nicht mit eingebunden werden. Das Edelreis sollte nach dem 3.–4. Auge abgeschnitten werden. Alle Schnittflächen werden mit Baumwachs verschmiert. Flüssigwachs ist dem Streichwachs vorzuziehen, da es schneller hart wird und die Kleidung auch bei späterer Behandlung nicht verschmutzt. 6 Wochen nach

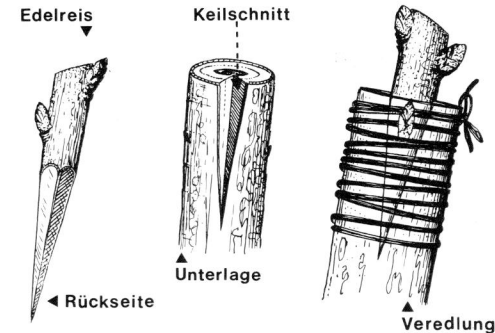

Bild 17. Das Geißfußpfropfen an relativ jungen Bäumen

Edelreis ▼

Keilschnitt

◄ Rückseite

Unterlage

▲ Veredlung

der Veredlung wird der Knoten des Bastes aufgeschnitten, damit der Bast nicht einschnürt. Wie bei allen Pfropfmethoden ist es auch bei der Geißfußumveredlung wichtig, zur Saftregulierung einige Äste unveredelt zu lassen (Zugäste). Diese können dann im darauffolgenden Jahr entfernt werden.

Lagerung von Obst

Der große Vorteil eines Obstgartens besteht darin, daß man den ganzen Sommer und Herbst ständig frisches, baumreifes, aromatisches Obst ernten kann. Da aber gerade in den letzten Jahren das Winterobst sehr teuer geworden ist, besteht zur Zeit der Trend, vor allem bei Spätäpfeln, einige Bäume mehr zu pflanzen, um auch bis in das Frühjahr hinein die Familie mit Äpfeln versorgen zu können. Die meisten Keller sind heute zu warm und zu trocken und deshalb ergeben sich für den Gartenfreund, der länger Obst aus eigenem Garten lagern will, große Probleme. Das Abdecken der Obstkisten mit Folie hält das Obst zwar länger frisch, ist aber trotzdem nur eine Notlösung. Inzwischen haben Forschung und Industrie auch für den Haushalt eine Methode entwickelt, die es dem Obstgartenbesitzer gestattet, seine Früchte bis zum Frühjahr frisch zu erhalten. Der Trick ist der, daß man in den Folienbeuteln, die man im Fachhandel kaufen kann, eine Mini-Atmosphäre schafft, in der sich Äpfel, aber auch Birnen, länger halten. Am besten sind PolyäthylenBeutel von 0,05 und 0,03 mm Stärke. Wenn man stärkere Folie verwendet, muß der Beutel mit einigen Nadelstichen perforiert werden. Das Obst, das man länger aufheben will, sollte etwa 8–10 Tage vor der Baumreife geerntet werden, da es im Beutel noch nachreift. Nach dem Pflücken sollte das Obst

35

zuerst im Lagerraum 4–6 Tage ohne Folie gelagert werden, damit sich die Temperaturen angleichen können. Sonst kommt es später im Beutel zur Bildung von Schwitzwasser. Der Lagerraum sollte möglichst kühl sein (um 10°C). Die Beutel werden am besten mit einem Klebeband verschlossen, nachdem man alle beschädigten oder angefaulten Früchte entfernt hat. Wenn man im Winter dann so einen Beutel öffnet, ist es besser, die Früchte vor dem eigentlichen Verzehr 2–3 Tage nachreifen zu lassen. Die Äpfel schmecken dann aromatischer. Apfelsorten, die sich in Folienbeuteln von 0,05 mm Stärke besonders gut lagern lassen, sind: Golden Delicious, Jonathan, Roter Boskoop, Berlepsch, Schweizer Glockenapfel und Melrose. Der normale Boskoop und Cox Orange dürfen nur in 0,03 mm starken Beuteln gelagert werden. Nicht geeignet sind Ontario, Goldparmäne und alle Frühsorten. Granny Smith reagiert im Beutel mit Kernhaus- und Schalenbräune. Bei Birnen läßt sich die Lagerfähigkeit nur bedingt verlängern. Gute Luise, Williams, Conference und Alexander Lucas müssen vor dem Einlagern grün gepflückt werden.

Vogel- und Wildabwehr im Obstgarten

Vogelabwehr

Jeder Gartenfreund weiß aus eigener Beobachtung, wie nützlich die Vogelwelt durch natürliche Schädlingsbekämpfung ist. Allerdings gibt es auch einige Vogelarten, die bei einer gewissen Bestandsdichte im Obstgarten gebietsweise große Schäden anrichten. Zu diesen Vogelarten gehören Amsel und Star, die vor allem im Sommer die Früchte anpicken, sowie Spatzen, Dompfaffen und Grünfinken, die beim Beeren- und Steinobst durch Auspikken der jungen Knospen im Frühjahr die Ernte dezimieren. Alle konventionellen Methoden wie Vogelscheuchen, Greifvogelattrappen, Stanniolstreifen oder Heringe werden schon nach kurzer Zeit von den Vögeln ignoriert. In den letzten Jahren hat die Kunststoffindustrie in der Vogelabwehr zwei praktikable Methoden entwickelt, die einen guten Schutz bieten. Im Fachhandel kann man besonders zur Anwendung gegen Knospenfraß ein Synthetikfasergespinst kaufen, das die Knospen und auch die Früchte wie im Netz schützt. Unter dem Handelsnamen Agrolam ist dieses Produkt bereits gut eingeführt. Dieser Faserstrang läßt sich auf eine Breite von bis zu 10 m auseinanderziehen und über die Bäume und Sträucher spannen. 1 kg reicht für ca. 500 qm Fläche. Außerdem sind in letzter Zeit Kunststoffnetze (z. B. Hostalen-Strip) auf den Markt gekommen, die sich jahrelang verwenden lassen und den Vorteil haben, daß die Früchte sauber bleiben. Auch eine Mischung von Kalk und Wasserglas (Theobaldsche Lösung) schützt die Knospen mehrere Wochen.

Wildabwehr

Wer einen größeren Obstgarten am Ortsrand oder in Waldnähe hat, bekommt oft Besuch von Kaninchen, Hasen oder sogar Rehen. Gegen Rehe schützt nur eine lückenlose Einzäunung der Obstanlage. Der Zaun sollte eine Höhe von 1,50 m haben, damit er vom Rehwild nicht übersprungen werden kann. Gegen Kaninchen- und Hasenfraß kann man die Obstbäume schützen, indem man Drahthosen aus Maschendraht anbringt. Dieser Einzelbaumschutz sollte gerade wegen der Hasen eine Höhe von 80 cm haben, damit auch bei leichtem Schnee noch ein gewisser Schutz besteht. Man kann natürlich auch Jungbäume, vor allem Spindelbüsche, die mit den Fruchtästen schon in 60 cm Höhe beginnen, durch Wildverbißmittel schützen. Arikal und Cunitex haben sich gut bewährt. Erste Spritzungen oder Anstriche Anfang Dezember, zweite Spritzungen im Februar.

Essen wir Gift?

Diese Frage hat sich bestimmt schon jeder Gartenbesitzer gestellt, der sein Obst oder Gemüse mit Pflanzenschutzmitteln behandelt. In Zeitschriften, im Fernsehen und auch in der Tagespresse wird dieses Problem täglich diskutiert und leider oft durch völlig unsachliche Behauptungen künstlich hochgespielt. Das Geschäft mit der Angst blüht in jeder Stadt, in jeder Ortschaft, wo es Läden gibt, die „ungespritztes" Obst oder Gemüse verkaufen. Aber schon Paracelsus sagte, daß Gift eine Angelegenheit der Dosis sei, und die Wissenschaft von heute gibt ihm recht, wenn sie berüchtigte Gifte wie Strychnin in kleinsten Dosierungen als Herzheilmittel für den Menschen freigibt. Genau so ist es bei den Pflanzenschutzmitteln, die sogar in der überwiegenden Mehrzahl gar nicht als „Gifte" eingestuft sind. Nur die sogenannten Insektizide, also die Bekämpfungsmittel gegen tierische Schädlinge (Blattläuse, Obstmade etc.) gelten im Sinne des Pflanzenschutzes als „Gifte". Diese Mittel sind zwar für die Schädlinge tödlich, für die Gesundheit des Menschen aber bei richtiger Anwendung unbedenklich. Da in Deutschland schon seit Jahren Spritzmittel mit chronischer Toxizität (arsenhaltige Mittel) verboten sind, besteht auch nicht die Gefahr, daß irgendwelche Gifte im Körper gespeichert werden und in Jahrzehnten zu Schäden führen. Der Umgang mit

Arzneimitteln, Haushaltsmitteln usw. ist viel gefährlicher als der mit Pflanzenschutzmitteln, wie die Statistik beweist: Von jährlich etwa 10 000 Vergiftungserscheinungen entfallen 47% auf Medikamente, 40% auf Haushaltsmittel, 7% auf Giftpflanzen, 4% auf Alkohol und Nikotin und nur 2% auf Pflanzenschutzmittel. Deutschland hat das schärfste Lebensmittelgesetz der Welt, und die Biologische Bundesanstalt gibt nach jahrelangen Prüfungen nur solche Mittel frei, die bei sachgemäßer Anwendung für den Menschen unschädlich sind. Importierte Früchte und Gemüse sind ständigen Rückstandskontrollen unterworfen. Unsachgemäße Anwendung von Pflanzenschutzmitteln kann Schäden bewirken; das Verantwortungsbewußtsein gebietet uns daher, die Vorschriften der Hersteller exakt zu befolgen.

Umgang mit Pflanzenschutzmitteln

Wichtig beim Umgang mit Spritzmitteln ist, daß man die erlaubten Konzentrationen nicht überschreitet und vor allem die vorgeschriebenen Wartezeiten zwischen Spritzung und Verwertung des Obstes genau einhält. Genauso ist auf Abdrift auf Unterkulturen oder benachbarte Obst- und Gemüsebestände zu achten.

Alle Spritzmittel sollten stets für Kinder unerreichbar aufbewahrt werden. Spritzungen nicht bei großer Hitze oder Wind durchführen. Wenn nach unsachgemäßer Anwendung Vergiftungserscheinungen wie Atembeschwerden oder Schweißausbruch auftreten, sofort Erbrechen auslösen durch Trinken von warmem Salzwasser oder Finger in den Hals stecken. Keine Milch, Rizinusöl oder Schnaps trinken. Arzt rufen.

Krankheiten und Schädlinge am Kernobst

Apfel

Die beiden gefährlichsten Krankheiten am Apfel sind Schorf und Mehltau. Beide werden durch Pilze verursacht, die durch Zerstörung der Assimilationsfläche den Baum schwächen und die Früchte, vor allem bei Schorfbefall, in ihrer Qualität herabsetzen.

Schorf

Der Schorfpilz überwintert im abgefallenen Laub und infiziert nach den ersten warmen Regenfällen (ab Mitte April) Blätter, Blüten und Früchte. Man müßte also, um schorffreies Obst ernten zu können, entweder vorbeugend alle 8–10 Tage von Mitte April bis 4 Wochen vor der Ernte mit einem Schorfmittel (nächste Seite) oder sofort nach längeren Regenfällen spritzen, da die Schorfsporen schon ab 9 Stunden Blattnässe keimen und sich ausbreiten. Zwischen Infektion und Sichtbarwerden des Schorfes (Seite 54) liegt ein Zeitraum von 8–16 Tagen (Inkubationszeit). Auf Blättern und Früchten bilden sich braunschwarze, samtige Flecken, von denen aus sich die Krankheit bei weiterem Regen verbreitet. Hauptschorfgefahr während und nach der Blüte. Am gelagerten Obst kann sich Lagerschorf bilden. Bekämpfung siehe Spritzplan.

Mehltau

Dieser Pilz wird in warmen Jahren in Südwestdeutschland zu einem Hauptproblem. Besonders bei mehltauanfälligen Sorten wie Jonathan, Klarapfel und Idared ist eine Bekämpfung schwierig. Der Mehltau überwintert als Pilzgeflecht in den Endknospen der Triebe und infiziert ab Mitte April bis zum Spätsommer Blätter, Blüten und Triebe. Der mehlartige Belag (Seite 54) ist gut sichtbar. Der Mehltau wird bis zur Blüte mit Schwefel und danach mit Acricid, Karathane oder Frutogard bekämpft. Durch Abschneiden der befallenen Triebe und Blätter kann man die Verbreitung ebenfalls eindämmen. Genaue Bekämpfungsmaßnahmen siehe Spritzplan.

Schädlinge

Hauptschädling beim Apfel ist die Obstmade (Apfelwickler) Seite 52. Der Schmetterling legt seine Eier auf die etwa walnußgroßen Früchte. Daraus schlüpft die Raupe und bohrt sich in die Frucht ein. Durch eine Spritzung Ende Juni oder Anfang Juli kann man die Raupe abtöten, bevor sie in das Innere der Frucht eindringt. In warmen Sommern kommt es etwa 3 Wochen später zu einer 2. Generation. Bekämpfung siehe Spritzplan.

Blattläuse

In warmen Jahren wird dieser Schädling zu einer Kalamität. Der Befall erfolgt im Frühjahr über die Eier oder im Sommer durch angeflogene Läuse von den Triebspitzen aus. Auf den Ausscheidungen der Läuse siedelt sich oft ein Pilz an, der Blätter und Früchte mit einem rußigen Belag überzieht (Rußtau). Bekämpfung siehe Spritzplan.

Blutlaus und San-José-Schildlaus

Die Blutlaus bildet einen weißen, flockigen Belag. Später entstehen an den Befallstellen knotenartige Wucherungen. Bekämpfung wie bei Blattlaus. Den Baum mit Spritzbrühe „waschen".
Die San-José-Schildlaus (Seite 50) ist in bestimmten Gebieten ein gefährlicher Schädling, der die Bäume in 5–7 Jahren zum Absterben bringen kann. An Früchten und Ästen zeigen sich kleine, weißgraue bis schwärzliche Ge-

Zeitpunkt der Behandlung	Krankheiten und Schädlinge	Fungizide Pilzbekämpfungsmittel	Insektizide Schädlingsbekämpfungsmittel
Äpfel und Birnen		**Gramm pro 10 Liter Wasser**	**Gramm bzw. ccm/10 l Wasser**
Folidol-Öl-Spritzung (Austriebspritzung) Vom Knospenschwellen bis Mausohrstadium	Blattläuse, einschließlich Grüne Apfelblattlaus; Schildläuse, einschließlich San-José-Schildlaus; Blutlaus; Blattsauger; Apfelblütenstecher; Frostspanner; Knospenwickler; Fruchtschalenwickler; Gespinstmotte		50 Folidol-Öl
1. Vorblüte-Spritzung Im frühen Mausohrstadium, wenn vorher keine Austriebspritzung erfolgte	Schorf; Apfelmehltau; Grüne Apfelblattlaus; Frühjahrs-Apfelblattsauger; Apfelblütenstecher; Frostspanner; Knospenwickler; Fruchtschalenwickler; Gespinstmotte	50 Netzschwefel und 10 Antracol oder Polyram	10 E 605-Combi oder 3 Parathion oder 10 Rospin
2. Vorblüte-Spritzung Kurz vor dem Öffnen der Blüten	Schorf; Apfelmehltau; Spinnmilben (Rote Spinne); Apfelblütenstecher	40 Netzschwefel und 10 Antracol oder 10 Polyram-Combi oder 10 Pomuran	Kein Insektizid spritzen!
Blüte-Spritzung Etwa 10 Tage nach der 2. Vorblüte-Spritzung. Bei verlängerter Blütezeit nach 8–10 Tagen wiederholen.	Schorf; Apfelmehltau	20 Netzschwefel und 20 Orthocid oder 20 Polyram oder 10 Pomuran	Kein Insektizid spritzen! Bienenflug!

Spritzung	Befall	Mittel (g/hl)	Mittel gegen tierische Schädlinge (g/hl)
1. Nachblüte-Spritzung Nach Abfall der Blütenblätter	Schorf, Apfelmehltau, Lagerkrankheiten (Gloeosporium u. a.), Blattläuse, Sommerblattsauger, Birnenblattsauger, Spinnmilben (Rote Spinne), Apfelsägewespe, Frostspanner, Miniermotten	30 Pomuran Plus oder 10 Acricid und 15 Orthocid oder 15 Polyram-Combi	20 Gusathion MS oder 10 Perfekthion oder 10 Rogor oder 20 Rospin
2. Nachblüte-Spritzung Etwa 10 Tage nach der 1. Nachblüte-Spritzung und weitere Schorf-Spritzungen	Schorf, Apfelmehltau, Lagerkrankheiten (Gloeosporium u. a.), Spinnmilben (Rote Spinne), Obstmade (Apfelwickler) in Frühlagen	30 Pomuran Plus oder 10 Acricid und 15 Orthocid oder 15 Polyram-Combi	20 Gusathion MS oder 10 Perfekthion oder 20 Rospin
1. Obstmaden-Spritzung Mitte Juni bis Anfang Juli, 6–7 Wochen nach der Blüte	Schorf, Lagerkrankheiten (Gloeosporium u. a.), Obstmade (Apfelwickler), Fruchtschalenwickler, Miniermotten, Spinnmilben (Rote Spinne), Grüne Apfelblattlaus, Mehlige Apfellaus	30 Pomuran Plus oder 10 Acricid und 15 Orthocid oder 5 Cercobin oder 3 Du Pont Benomyl	20 Gusathion MS oder 10 Perfekthion oder
2. Obstmaden-Spritzung 3 Wochen später		10 Orthocid oder 20 Polyram-Combi oder 20 Pormasol oder 5 Cercobin oder 3 Du Pont Benomyl	
Spätschorf-Spritzung (3. Obstmaden-Spritzung) Je nach Lage etwa Mitte August	Schorf, Lagerkrankheiten (Gloeosporium u. a.), Obstmade (Apfelwickler), Fruchtschalenwickler, Miniermotten, Blutlaus		20 Gusathion MS oder 10 Perfekthion oder 15 Unden

Verändert nach dem Spritzkalender 1975 der Firma Bayer, Leverkusen.

41

bilde mit rötlichem Kopf. Die Äste sehen wie mit Asche bestreut aus. Bekämpfung mit Insektiziden (E 605-forte, Gusathion MS).

Rote Spinne

Kleine rote Spinnmilben (Seite 42) an der Unterseite der Blätter oder an Ästen und Früchten schädigen bei Massenbefall die Bäume. Die Blätter werden bronzefarbig. Bekämpfung mit Acricid, Metasystox oder Plictran.

Wühlmäuse und Feldmäuse

Wenn Obstbäume im Frühjahr oder im Sommer plötzlich welken, ist das meist auf Wühlmausfraß zurückzuführen. Vor allem an Jungbäumen in der Nähe von Wiesen und Gräben treten diese Schäden häufig auf. Die Wühlmaus frißt sogar die Hauptwurzeln ab; man kann dann den Baum herausziehen. Bekämpfung mit Fallen, mit Gas-Patronen (Arrex, Polytanol, Neu-Phosphit) oder in eingezäunten Anlagen bei Graswuchs mit Endrin-Präparaten. Feldmäuse, die durch Abfressen der Rinde über dem Erdboden schädigen, werden mit Giftweizen, der in die Löcher gestreut wird, bekämpft.

Birnen

Bei Birnen treten vor allem Obstmade, Schorf und Blattläuse schädigend in Erscheinung. In letzter Zeit kommt es zu größeren Schäden durch den Birnenblattsauger (Seite 42) Dieser Schädling ist blattlausähnlich, gelblich, als Alttier beflügelt, sitzt an den Triebspitzen und saugt Nährstoffe. Die Triebe kräuseln sich später und werden schwarz (Rußtau). Bekämpfung mit Metasystox oder Kelthane.

In den letzten Jahren treten in bestimmten Gebieten, besonders in der Pfalz, bei Birnbäumen Absterbeerscheinungen auf, die selbst in gepflegten Birnenplantagen den Baumbestand um 20 bis 30 Prozent reduzieren. Die Fachleute sprechen vom Birnensterben. Die befallenen Bäume zeigen zunächst im Sommer rötliches Laub, im Jahr darauf läßt dann das Wachstum stark nach und der Baum stirbt ab. Schaderreger dieser kuriosen Krankheit sind Mycoplasten (noch kleiner als Viren), die wahrscheinlich durch Blattläuse oder Birnblattsauger übertragen werden. Die Krankheit ist nicht zu bekämpfen. Birnen, auf Quitte veredelt, werden weniger befallen.

Bild 18. A Rutenkrankheit an Himbeerruten, B Johannisbeerblasenlaus, C Befall von Johannisbeerblasenläusen auf der Blattunterseite (links); Schadbild auf der Blattoberseite (rechts), D Grauschimmel an Erdbeeren, E Pflaumenwickler-Befall, F Kirschfruchtfliege, G Von der Kirschfruchtfliege befallene Kirschen, H Obstbaumkrebs am Ast eines Apfelbaumes, I Obstbaumspinnmilbe (Weibchen), J Befall vom Großen Birnenblattsauger, Schadbild an Birnentrieben, K Eier der Obstbaumspinnmilbe, oben Wintereier ungeschlüpft, unten und rechts leere Eihüllen, L Großer Birnenblattsauger.

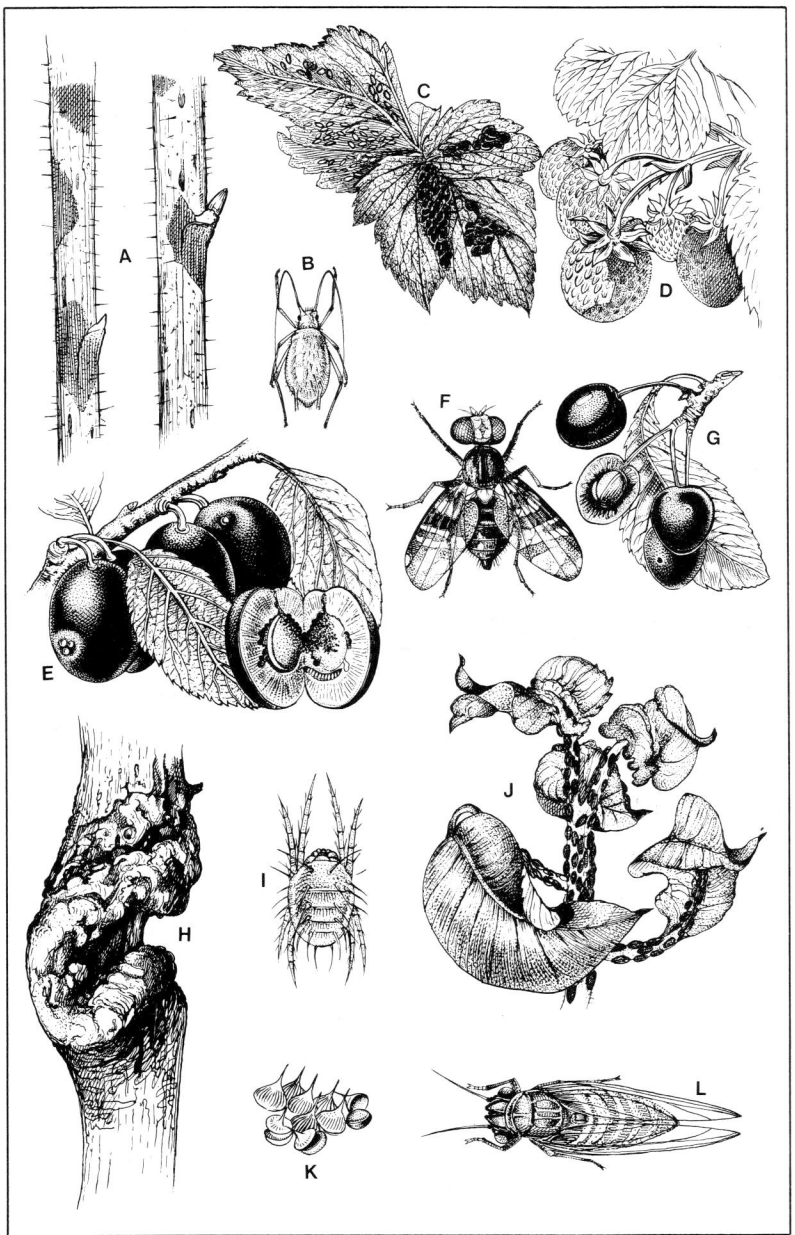

Krankheiten und Schädlinge an Stein- und Beerenobst

Süßkirsche

Der Hauptschädling bei den Süßkirschen ist die Kirschfruchtfliege. Sie ist verantwortlich für die „madigen" Kirschen. Die Bekämpfung muß bereits dann erfolgen, wenn sich die Kirschfrüchte gelblich oder rötlich färben. Bekämpfungsmittel sind Lebaycid oder Perfekthion oder Rogor. Gegen Blattläuse spritzt man ebenfalls eines der vorgenannten Mittel. Treten Monilia oder Schrotschußkrankheit auf, muß bereits während der Blüte mit Cercobin M, Orthocid oder Pomuran gespritzt werden.

Sauerkirsche

Hier tritt die Kirschfruchtfliege nicht auf. Der gefährlichste Schädling ist die Blattlaus. Die verbreiteten Krankheiten sind Schrotschuß, Monilia und Sprühfleckenkrankheit. Die Bekämpfung erfolgt mit einem der bei Süßkirschen angegebenen Mittel.

Pflaumen, Zwetschen, Mirabellen

Bei Auftreten von San-José-Schildlaus, Zwetschenschildlaus oder Frostspanner sollte man eine Winterspritzung mit Hivertox oder Eftol-Öl durchführen. Anstelle dieser Winterspritzungen kann auch eine Austriebsspritzung (beim Knospenschwellen) mit Folidol-Öl erfolgen. Der größte Schädling ist der Pflaumenwickler (Pflaumenmade). Er wird bekämpft Mitte bis Anfang August mit Gusathion MS oder Perfekthion oder Rogor. Bei Auftreten von Roter Spinne kann ebenfalls eines der vorgenannten Mittel eingesetzt werden.

Pfirsich

Bei dieser Steinobstart kommt es besonders durch die Kräuselkrankheit (siehe Bild) zu großen Schäden. Die Bekämpfung muß bereits beim Knospenschwellen mit Cupravit oder besser mit Delan oder Questuran erfolgen. Spritzung nach 10 Tagen wiederholen. Auftretende Blattläuse werden mit einem Insektizid wie Metasystox, Rospin oder Gusathion MS bekämpft.

Erdbeeren

Die Früchte werden durch Grauschimmel *(Botrytis)* befallen und faulen stark. Dieser Pilz muß bereits während der Blüte durch 2–3 Spritzungen bekämpft werden. Bewährte Mittel sind Euparen, Benomyl oder Cercobin M. Gegen tierische Schädlinge wie Blattläuse, Milben und Stengelstecher wird

44

ein Insektizid eingesetzt (Perfekthion, Gusathion MS). Wartezeiten einhalten!

Himbeeren, Brombeeren
Bei Befall durch Rutenkrankheit (siehe Zeichnung) müssen Spritzungen mit Grünkupfer oder Funguran im Frühjahr und nach der Ernte durchgeführt werden. Gegen Himbeerkäfer (Madige Himbeeren) wird vor der Blüte Parathion eingesetzt. Gegen Grauschimmel wird in die Blüte mit Cercobin gespritzt.

Johannis- und Stachelbeeren
Gegen Mehltau Benomyl oder Cercobin spritzen. Blattläuse werden mit einem Insektizid bekämpft. Bei Befall von Blattfallkrankheit oder Rost beim Austrieb mit Cupravit und nach der Ernte mit Cercobin oder Benomyl behandeln.

Register

Mangelerscheinungen und physiologische Störungen

Kaliummangel

An den Blättern entstehen bei akutem Kaliummangel vom Blattrand her braune abgestorbene Zonen. Eine erhöhte Kaliumzufuhr mit einem Kalidünger im Winter oder im zeitigen Frühjahr kann hier Abhilfe schaffen.

Magnesiummangel

Bei dieser Mangelerscheinung treten im Blatt zwischen den Blattrippen braune abgestorbene Zonen auf. Durch Verwendung eines magnesiumhaltigen Düngers (Kalimagnesia) im Winter oder zeitigen Frühjahr kann man diese Mangelschäden beseitigen.

Eisenmangel, Chlorose, Bleichsucht (oberes Bild)

Eisen wird von der Pflanze zur Produktion von Blattgrün (Chlorophyll) unbedingt benötigt. Fehlt dieser Nährstoff oder ist er für die Pflanze im Boden nicht verfügbar, dann bekommt der Baum oder Strauch sehr schnell gelblichweiße Blätter, die dann kaum noch imstande sind, zu assimilieren. Der Baum kümmert und bildet für das nächste Jahr keine Fruchtknospen. Hier kann man durch ein eisenhaltiges Präparat, das man mehrmals spritzt oder in den Boden einbringt, Abhilfe schaffen. Bewährte eisenhaltige Mittel sind Fetrilon oder Sequestren (50–100 g je 10 Liter Wasser pro Baum). Letzteres Präparat ist lichtempfindlich und muß beim Streuverfahren etwa 10 cm in den Boden eingehackt werden.

Stippigkeit (unteres Bild)

Diese Erscheinung tritt besonders in trockenen Jahren und bei bestimmten Sorten (Cox Orange, Boskoop, Oldenburg) auf. An den Früchten entstehen auf der Schale und auch im Fruchtfleisch braune kleine Stellen, die unansehnlich sind und bitter schmecken. Verursacht werden diese Zellverkorkungen von physiologischen Störungen, die durch verschiedene Faktoren ausgelöst werden. Mangel an bestimmten Nährstoffen sowie das Verhältnis dieser Nährstoffe zueinander (Kalium und Magnesium zu Kalk) scheinen eine große Rolle zu spielen. Wesentlich für den Obstgärtner ist, daß man diese Störung, wenn man frühzeitig etwas tut, größtenteils beheben kann. Ab Walnußgröße der Früchte sollte man besonders in Trockenjahren die Bäume 4–6mal mit Kalksalpeter oder Calciumchlorid bis 20 Tage vor der Ernte spritzen.

Wichtige Schädlinge und Krankheiten

Kräuselkrankheit (oberes Bild)
Diese Krankheit wird durch einen Pilz verursacht, der als Pilzgeflecht auf den Knospenschuppen oder auf der Rinde von Zweigen und Ästen überwintert. Im zeitigen Frühjahr, oft schon im März, dringt der Pilz mit seinem Keimschlauch über die sich öffnende Knospe in das Blattgewebe ein und sondert toxische Stoffe ab, die zu den Krankheitssymptomen führen. Auf den Blättern entstehen rötliche Aufquellungen und Blattdeformationen, die das Blatt zerstören und braun werden lassen. Die Bekämpfung dieses Pilzes ist eigentlich nicht so schwierig, wie es vom Laien immer dargestellt wird. Entscheidend für den Erfolg ist der richtige Zeitpunkt der Spritzung. Die beste Zeit zur Bekämpfung ist dann gekommen, wenn sich die Knospenschuppen an den Knospen öffnen. Dazu muß man den Pfirsichbaum ab März genau beobachten. Schon beim Anschwellen der Knospen muß bereits die erste Spritzung erfolgen. Viele Obstgärtner spritzen erst, wenn man schon die rötlichen Blütenblättchen aus den Knospen quellen sieht; dann ist es zu spät! Weißfleischige Sorten werden mit Kupfermitteln (Cupravit) 1–2mal behandelt. Bei gelbfleischigen Sorten (Red Haven, South Haven) haben Questuran oder Delan, ebenfalls bei 2 Spritzungen, bessere Erfolge gebracht. Wenn die Krankheit am Blatt schon zu sehen ist, erübrigt sich jede Spritzung, da der Pilz dann nicht mehr bekämpft werden kann.

San-José-Schildlaus (unteres Bild)
Besonders in Süd- und Südwestdeutschland wird dieser Schädling an Apfel- und Birnbäumen, aber auch an Johannisbeersträuchern zu einem Hauptschädling. An Zweigen, Ästen und an den Früchten findet man rundliche, weißgraue bis schwärzliche Schildchen mit rotem Hof. Die Äste sehen aus, als hätte man sie mit Asche bestreut. Zuerst sterben die jüngeren Zweige ab, später dann der ganze Baum. Wenn man die Rinde befallener Zweige abhebt, ist auch das Holz gerötet. In einigen Bundesländern ist dieser Schädling sogar meldepflichtig. Die Bekämpfung der San-José-Schildlaus kann in verschiedenen Zeiträumen erfolgen. Während des Austriebes mit Folidol-Öl, im Frühjahr und Sommer mit E 605 oder Gusathion MS. Obstgartenbesitzer, die wegen Gemüseunterkulturen die Bäume nicht mit Insektiziden behandeln wollen, sollten stark befallene Bäume raushacken und verbrennen.

Wichtige Schädlinge und Krankheiten

Blattläuse (oberes Bild)
Es gibt eine ganze Reihe von Blattlausarten, die besonders in warmen Jahren große Schäden im Obstgarten anrichten. Bei Befall kräuseln oder rollen sich die jungen Blättchen, meist an den Triebspitzen, die Triebe krümmen sich und bei Massenbefall werden Blätter, Triebe und Früchte mit einem zuckerhaltigen Film (Honigtau, den die Läuse ausscheiden) überzogen. Auf dieser Lösung siedeln sich gern Rußtaupilze an, und der Belag wird rußig-schwarz. Von den Blattläusen überwintern die Eier an den Obstbäumen oder an Wirtspflanzen. Aus diesen Eiern schlüpfen Jungläuse, die ohne Befruchtung lebende Junge gebären. Die Verbreitung erfolgt später vor allem durch geflügelte Läuse. Bei Massenbefall werden die Bäume so geschwächt, daß der Ertrag im folgenden Jahr fast völlig ausfällt. Die Bekämpfung kann bereits im Winter durch Spritzungen mit Gelb-Öl oder Gelbspritzmitteln oder im Frühjahr mit einer Austriebsspritzung (Folidol-Öl) beginnen. Während der Vegetationsperiode sind Blattläuse mit Mitteln wie z. B. E 605-Combi, Gusathion MS, Metasystox, Perfekthion, Rogor oder Ultracid zu bekämpfen. Während der Blüte dürfen nur bienenunschädliche Mittel wie Thiodan oder Rubitox eingesetzt werden. Treten kurz vor der Ernte Läuse auf, können diese mit Unden (Wartezeit 4 Tage) noch bekämpft werden.

Obstmade (unteres Bild)
Der Apfelwickler, auch Obstmade genannt, ist der gefährlichste Schädling bei Äpfeln und Birnen. Dieser Kleinschmetterling legt seine Eier im Juni an die Früchte. Die nach 8 Tagen schlüpfenden Raupen bohren sich in die Frucht ein und fressen im Kerngehäuse. Der Kot wird durch einen Gang nach außen geschafft. In besonders günstigen Jahren mit warmer Witterung kommt es zur Bildung einer 2., manchmal sogar noch zu einer 3. Generation. Die Bekämpfung erfolgt Ende Juni bis Anfang Juli mit Mitteln wie E 605, Gusathion MS, Perfekthion, Rogor oder Ultracid. Im Obstbau werden die Bekämpfungszeiten durch die Pflanzenschutzämter mit Hilfe von Licht- oder Sexfallen genau ermittelt. Auch jeder Obstgartenbesitzer kann für ein geringes Jahresabonnement von den Bezirkspflanzenschutzämtern diesen Pflanzenschutzwarndienst mit genauen Angaben über Bekämpfungszeit, Bekämpfungsmittel etc. gegen alle Hauptkrankheiten und Schädlinge beziehen.

Wichtige Schädlinge und Krankheiten

Mehltau

Apfelmehltau (oberes Bild)
Dieser Pilz verursacht an Blättern, Jungtrieben und auch an Blüten einen weißen, mehlähnlichen Belag. Später färben sich die erkrankten Stellen braun, die Blätter rollen sich zusammen und fallen ab. Besonders anfällig sind Jonathan, Klarapfel, Idared und Ontario. Auch Jonagold wird gern vom Mehltau befallen. Bei warmem Wetter tritt der Pilz bereits vor der Blüte auf und infiziert Knospen und Jungtriebe. Er überwintert in den Knospen (vor allem Endknospen) der Holz- und Fruchttriebe und bildet im Frühjahr eine große Menge von Sommersporen, die vom Wind auf benachbarte Zweige und Äste befördert werden, so daß sich nach kurzer Zeit der Befall über den ganzen Baum ausdehnt. Die Bekämpfung ist oft schwierig, da der Pilz nur bei der Keimung zu erfassen ist. Ein Rückschnitt der befallenen Triebe, auch im Sommer, dämmt die Krankheit ein. Spritzungen mit Netzschwefel bis zur Blüte und danach mit Acricid, Frutogard oder Karathane haben sich bewährt. Bei starkem Befall müßte man alle 10–14 Tage spritzen.

Stachelbeermehltau
Auch der amerikanische Stachelbeermehltau überwintert an den Endknospen (braune bis dunkle Stellen) und infiziert von hier aus Blätter und Früchte. Gute Bekämpfungsmöglichkeiten: Abschneiden der befallenen Triebspitzen im zeitigen Frühjahr sowie chemische Bekämpfung mit Antracol, Morestan oder Cercobin M.

Schorf

Apfelschorf (unteres Bild)
Dieser Pilz verursacht in feuchten Jahren große Schäden an Früchten, aber auch an Blättern. Er überwintert im abgefallenen Laub und infiziert zunächst junge Blätter (braunschwarze, samtige Flecken), später auch Früchte. Bei Befall kurz vor der Ernte bildet sich auch am Lagerobst noch Schorf (Lagerschorf). Die Pilzsporen werden durch Wind verbreitet und keimen in feuchtem Milieu nach einigen Stunden. Bekämpfung: bis zur Blüte mit Netzschwefel, danach mit Antracol, Cercobin, Orthocid, Polyram oder Pomuran. Schorfgefahr besteht nach jedem längeren Regen ab Ende April. Auch Kirschen, Pfirsiche und Quitten können befallen werden.

Birnenschorf
Dieser Pilz überwintert im Zweiggrind der Äste. Schadbild und Bekämpfung wie bei Apfelschorf.

Neue Pflanz- und Schnittsysteme

Pillar

Dieses Zauberwort geistert seit Jahren durch den Obstbau und hat nun auch die Gartenliebhaber erfaßt. Es spricht sich herum, daß man mit diesem Pflanz- und Schnittsystem auch auf engstem Raum große Mengen Äpfel produzieren kann und daß die Erträge auch bei stark wachsenden Sorten wie Berlepsch (oberes Bild) oder Cox Orange (unteres Bild) früher und regelmäßiger zu erzielen sind. Der Pillarbaum ähnelt dem klassischen Spindelbusch und steht auf schwachwachsender Unterlage (M 9, M 26). Der Baum besteht aus einem Haupttrieb, einer Säule, auf englisch „Pillar", und den Fruchttrieben. Nur in der unteren Hälfte des Baumes, bis zu einer Höhe von 1,20 cm, wird ein kleines Astgerüst belassen, das ab 3. Standjahr durch Ableitungsschnitt verjüngt wird. Alle Triebe in der oberen Hälfte des Baumes werden nach 3 Jahren auf einen sogenannten Pillarzapfen zurückgeschnitten. Aus diesem Pillarzapfen, der eine Länge von 2–3 cm haben soll, treibt der Baum in den folgenden Jahren wieder neue Triebe, die sich schnell mit Fruchtknospen garnieren. Alle steilen Triebe werden am Pillarbaum ebenfalls auf Pillarzapfen zurückgeschnitten. Wenn der Baum seine Endhöhe (2,20–2,50 m) erreicht hat, wird er auf einen leicht schräg stehenden Seitentrieb abgeschnitten – abgeleitet. Bei Cox, Berlepsch, Gloster und Melrose kann man in den ersten 2 Jahren durch Waagerechtbinden der Triebe einen früheren und höheren Ertrag erzielen. Diese Sorten pflanzt man am besten als 2jährige Bäume, um die Wuchskraft zu bremsen. In den beiden ersten Jahren werden nur die Steiltriebe herausgeschnitten, die Stammverlängerung wird nicht angeschnitten. Wenn man 1jährige Bäume setzt, wird der Haupttrieb beim Pflanzen auf ca. 1 m Höhe zurückgeschnitten. In den folgenden Jahren wird der Haupttrieb nur bei schwächer wachsenden Sorten wie Golden Delicious, Jonathan und Alkmene leicht eingekürzt. Die Baumabstände bewegen sich je nach Sorte und Unterlage zwischen 1,25–2 m. Jeder Pillarbaum bekommt einen Pfahl, der bei 2,60 m Länge etwa 60 cm in den Boden gerammt wird. An diesem Pfahl wird die Stammesverlängerung jedes Jahr einmal angebunden. Auf leichteren Böden sollte man die Bäume öfter wässern und mehr düngen oder auf stärkere Unterlagen (M 7, MM 106) ausweichen. Das Lebensalter eines Pillarbaumes beträgt etwa 15 Jahre.

Apfel

Diese Obstart ist in jedem Garten vertreten und wird wegen des großen Sortimentes, das zur Verfügung steht, jedem Geschmack gerecht. Die Frucht selbst ist reich an Vitaminen A, B_1, B_2 und C. Enthält wertvolle Fruchtsäuren und Mineralstoffe. Diätetische Werte: zähne- und knochenbildend, blutbildend, bei Gallen- und Leberleiden, bei Ausschlag, Asthma, Gicht, Herzkrankheit und Rheuma. Obwohl das Angebot aus dem Ausland reichhaltig ist, werden in den letzten Jahren wieder viele Bäume, vornehmlich Apfelsorten gesetzt, um den Vorteil der Vollreife und der Frische zu nutzen. Dabei geht der Trend eindeutig zum aromatischen, säuerlichen, roten Apfel. Die süße Welle, die mit dem Golden Delicious Ende der 50er Jahre begann, ebbt ab. Neue Züchtungen, die teilweise mit Delicious eingekreuzt sind, drängen auf den Markt wie der Mutsu, (oberes Bild) eine Kreuzung Golden Delicious und Indo. Dieser japanische Apfel ist aromatischer und säuerlicher als der Golden Delicious. Ältere, säuerliche, rote Äpfel sind wieder „in". Der Jonathan (unteres Bild) wird wieder gern gegessen und natürlich der gute alte Boskoop. Die Sorten Cox Orange und Berlepsch (Seite 56) waren schon immer die Äpfel der Feinschmecker, und deshalb sollte ein Baum dieser Sorte in jedem Garten stehen. Auch Ontario ist wegen seiner guten Eigenschaften als Backapfel in das Standard-Sortiment zurückgekehrt. Die letzten drei Sorten sollten aber wegen ihrer Starkwüchsigkeit auf schwach wachsenden Unterlagen (Seite 18) gepflanzt werden, damit sie früher und regelmäßiger tragen. Wenig Düngung und wenig Baumschnitt in den ersten Jahren sind weitere Erfolgsrezepte für einen frühen Ertrag bei stark wachsenden Sorten. Das neue Pillar-Schnitt- und Pflanzsystem (Seite 56) bietet auch dem Obstgartenbesitzer mit weniger Platz die Möglichkeit, auf engstem Raum sich seine eigenen Äpfel zu kultivieren. Der Gartenfreund, der schon im Juli Äpfel aus eigenem Garten essen möchte, sollte die Sorten Weißer Klarapfel, Lodi oder Stark Earliest pflanzen. Die geschmacklich wertvolleren Sorten wie James Grieve oder Jamba reifen im August. An Herbst- und Spätäpfeln bieten neben den altbewährten Sorten auch verschiedene Neuzüchtungen (Seite 60) neue Geschmacksvariationen. Die Düngung erfolgt entweder mit Einzeldüngern (Phosphor und Kali) im Winter und Stickstoff im Frühjahr oder durch einen Volldünger z. B. Nitrophoska blau im April. Schädlinge und Krankheiten Seite 38.

Neue Apfelsorten

Gloster 69 (oberes Bild)
Diese Kreuzung (Glockenapfel × Richared Delicious) ist eine der besten
Neuzüchtungen unter den Spätäpfeln: Früchte mittelgroß, sehr aromatisch,
saftig, leuchtend rot auf grünlichem Grund. Reife: Ende September bis Anfang Oktober; in kühleren Lagen bis Februar, in wärmeren (Pfalz, Rheinhes-
sen) bis Mitte Dezember haltend. Der Baum wächst stark und sollte für
kleinere Gärten auf M9 oder M26 veredelt sein. Der Ertrag beginnt ab 3.
Standjahr, ist hoch und regelmäßig. Die Sorte steht noch unter Züchter-
schutz, kann aber über Versandbaumschulen bezogen werden. Jamba ist eine
weitere interessante Neuzüchtung (Melba × James Grieve). Der Apfel hat
ein sehr gutes Aroma, reift etwas vor James Grieve, hält aber wesentlich länger, wächst mittelstark. Früchte: rot geflammt auf grünlichgelbem Grund.
Alkmene und Orangenburg, beides Kreuzungen zwischen Cox Orange und
Geheimrat Oldenburg, sind die besten Neuzüchtungen unter den Herbstäp-
feln. Beide haben das würzige Aroma eines Cox, die frühe und regelmäßige
Fruchtbarkeit eines Oldenburg und wachsen mittelstark. Nicht stippeanfäl-
lig.

Melrose (unteres Bild)
Eine neue Apfelsorte aus den USA kam über Frankreich auch in unsere
Obstgärten. Entstanden durch Kreuzung von Jonathan mit Red Delicious,
wächst der Baum mittelstark bis stark und sollte in den ersten Jahren wenig
geschnitten werden. Früchte: groß, leuchtend rot, mit leicht säuerlichem, fei-
nem Nußaroma. Reife: Oktober. Hält sich im Hauskeller bis Mai! Der Baum
ist etwas anfällig gegen Mehltau, die Früchte werden nicht stippig. Er bringt
mittelhohe und regelmäßige Erträge. Eine weitere interessante Apfelneuheit
ist Jonagold (Jonathan × Golden Delicious). Dieser herrlich rote Apfel
schmeckt besser als Golden Delicious und hält länger als Jonathan. Auch
Mutsu (Seite 58) ist ein verbesserter Golden Delicious. Die Sorte Karmijn
eine Kreuzung zwischen Cox und Jonathan, verspricht ebenfalls, eine anbau-
würdige Neuheit zu werden. Mit diesen Apfelsorten versucht die Obstbau-
wissenschaft, das bestehende Apfelsortiment zu ergänzen und dem Trend des
Verbrauchers nach roten und säuerlichen Äpfeln gerecht zu werden.

Birne und Quitte

Birne

Birnen werden zum Frischverzehr, als Kompott und zur Saftbereitung verwendet. Die Frucht besitzt die Vitamine A, B_1, B_2 und C. Diätetische Werte: entwässernd, knochenbildend, bei Magen- und Darmerkrankungen, Kreislaufstörungen, Nierenleiden, Gallen- und Leberleiden. Birnbäume wachsen je nach Unterlage mittel bis stark und benötigen Baumabstände von 3–5 m. Bei guten Bodenverhältnissen ohne Staunässe und hohem Kalkgehalt sollte man unbedingt Birnbäume auf Quitte (zum Teil mit Zwischenveredlung) pflanzen, da diese Bäume schwächer wachsen, aber früher und regelmäßiger tragen. Birnen auf Sämling bringen meist erst nach 6–8 Jahren größere Erträge. Mit einem Drahtgerüst (3 Drähte in 70, 140 und 200 cm Höhe) lassen sich Birnen auch gut als Hecken ziehen. Schädlinge und Krankheiten: vor allem Blattläuse, Blattsauger, Obstmaden und Schorf (Seite 42). Birnen auf Sämling sollten in den ersten 5–6 Jahren überhaupt nicht gedüngt werden, da starktreibende Bäume im Frühjahr die jungen Früchte oft abstoßen. Später genügt eine Düngung (Volldünger) im April. Birnen sind selbstunfruchtbar und benötigen daher eine Befruchtersorte in der Nähe. Gute Befruchtersorten: Clapps Liebling, Gellerts Butterbirne, Gräfin von Paris – nicht aber Alexander Lucas. Sie ist triploid. Die Blüte ist sehr frostempfindlich, daher nicht auf frostgefährdete Lagen pflanzen! Bei Williams und Clapps verbessern Hormonspritzungen mit Berelex in die abgehende (auch erfrorene) Blüte den Fruchtansatz. Durch den Hormonreiz bilden sich dann Jungfern-Früchte ohne Samen (Parthenocarpie). Bewährte Frühsorten: Frühe von Trevoux, Clapps Liebling. Die beste Sorte zum Einmachen, Frischverzehr und zur Schnapsgewinnung ist Williams Christ. Das untere Bild zeigt eine Rote Williams. Gute Spätsorten: Conference, Köstliche von Charneu, Alexander Lucas (oben), Bosc's Flaschenbirne und Gräfin von Paris.

Quitte

Diese Frucht wird gern zur Bereitung von Marmeladen und Gelees verwendet. An Vitaminen enthält sie B_1, B_2 und C, auch Carotin. Diätetische Werte: bei Hals- und Magenbeschwerden. In frostgefährdeten Lagen sollte man Quitten auf Weißdorn-Unterlage verwenden, die aber je nach Sorte recht unverträglich sein kann. Der Unterschied zwischen Apfel- und Birnenquitten bezieht sich auf die Fruchtform: Apfelquitten sind rund, Birnenquitten länglich. Bewährte Sorten: Bereczki, Champion und Riesenquitte von Lescovazc. Quittenbäume werden nur ausgelichtet und kaum gedüngt.

Steinobst

Süßkirsche (oberes Bild)
Die Süßkirsche, eine der beliebtesten Früchte, ist vor allem für den Frischverzehr, aber auch zur Gewinnung von Marmeladen, Konfitüren und Frucht-
säften bestens geeignet. Diätetische Werte: bei Magen- und Leberleiden,
Verdauungsstörungen. Die Frucht enthält die Vitamine A, B_1 und B_2. Der
Baum wächst stark und benötigt einen Baumabstand von 8 Metern. Auf
schwächer wachsenden Unterlagen (F 12/1) bleiben die Bäume kleiner und
tragen früher. Die Süßkirsche beansprucht frostfreie Lagen und benötigt, da
sie intersteril ist, eine passende Partnersorte in der Nähe (siehe Befruchtungsverhältnisse). Bei Regen platzen die Früchte weniger leicht auf, wenn
man beim Rotwerden ein Netzmittel wie Citowett oder auch Pril anwendet.
Wartezeit einhalten! Hauptschädlinge: Blattläuse und Kirschfruchtfliege, die
Frühsorten jedoch nicht befällt. Bei Spätsorten kann man Lebaycid (Seite
44) einsetzen. Bewährte Frühsorten: Kassins und Frühe Meckenheimer.
Gute spätere Sorten: Hedelfinger, Büttners, Große Prinzessin, Schwarze
Knorpelkirsche, Schneiders und an neuen Sorten Sam und Van. In den USA
sind durch Gamma-Strahlen Baumformen entwickelt worden, die nur ca.
20% des Baumvolumens herkömmlicher Süßkirschen haben. Die Spurtypen
Compact Lamberg und Compact Stella werden bereits in Deutschland erprobt. Düngung: Volldünger im April und Juni (1–2 Handvoll pro qm).

Sauerkirsche (unteres Bild)
Eine beliebte Frucht zur Saft-, Marmeladen- und Konfitürengewinnung und
zum Einmachen. Die Frucht enthält die Vitamine A, B_1 und B_2. Diätetische
Werte: bei Stoffwechselerkrankungen, Gicht und Darmträgheit. Die Sauerkirsche wächst nur mittelstark und benötigt einen Baumabstand von 4 Metern. Auf leichteren Böden gedeiht sie am besten auf der Unterlage *Prunus
mahaleb* (Weichselkirsche), während sie auf schwereren Böden als Unterlage die Vogelkirsche *(Prunus avium)* bevorzugt. Die Krone kann als Hohlkrone oder Pyramidenkrone ausgebildet sein. Bei starkem Ableitungsschnitt
werden die Früchte größer und aromatischer. Bewährte Sorten: Heinemanns
Rubin, Ludwigs Frühe und vor allem Schattenmorelle. Neuere empfehlens-
werte Züchtungen: Morellenfeuer und Beutelspacher Rexelle. Schädlinge
und Krankheiten: besonders Blattläuse und Monilia (Erreger der Zweig-
dürre). Bekämpfung Seite 44. Sauerkirschbäume haben erhöhten Stickstoff-
bedarf. Volldünger im April und eine zusätzliche Gabe von Kalksalpeter Anfang Juni sorgen für ausreichenden Triebneuwuchs und große Früchte.

Steinobst

Pfirsich (oberes Bild)
Diese Obstart sollte dort, wo es die klimatischen Bedingungen zulassen, in keinem Garten fehlen. Die Frucht enthält Vitamin A, B_1 und B_2. Diätetische Werte: Bei Magen-, Gallen- und Leberleiden. In Süd- und Südwestdeutschland reift diese Frucht zu einer Köstlichkeit. Der Pfirsichbaum beansprucht einen sonnigen Platz im Garten und verlangt einen jährlichen scharfen Rückschnitt, bei dem die letztjährigen Triebe ab Anfang März um die Hälfte zurückgeschnitten werden. Diese Obstart wird in Hohlkrone erzogen und sollte durch erhöhte Stickstoffgaben im April und Juni in Trieb gehalten werden. Baumabstand: 4 m. Durch Neuzüchtungen und Übernahme von amerikanischen Sorten gibt es Pfirsichsorten für jeden Geschmack. Einer der besten Frühpfirsiche ist Roter Ingelheimer. Sehr aromatisch ist die Sorte Madame Rogniat. Die besten gelbfleischigen Sorten sind Red Haven und South Haven. Letztere hat sich besonders als Einmachpfirsich bewährt. Neuere gute Züchtungen sind Dixired, Fairhaven und Southland. Die Sorten Roter Ellerstadter und Kernechter vom Vorgebirge sind robuster und frosthärter. Die Hauptkrankheit am Baum ist die Kräuselkrankheit (Seite 50). Diese muß bereits beim Knospenschwellen mit Kupfermitteln, Questuran oder Delan bekämpft werden. Um aromatische und große Früchte zu erhalten, sollte man bei starkem Behang so ausdünnen, daß zwischen den Früchten eine Faustbreit Platz ist.

Aprikosen (unteres Bild)
Aprikosenbäume beanspruchen wärmste Standorte und einen lockeren, humosen Boden. Die Frucht enthält die Vitamine A, B_1 und B_2 sowie Mineralstoffe. Diätetische Werte: bei Darmträgheit, Gallen- und Magenleiden, bei Gicht, Herz-, Leber- und Nierenleiden. Wegen ihres starken, sparrigen Wuchses benötigt die Aprikose einen Baumabstand von 7 m. Auf schwächer wachsenden Unterlagen, z. B. wurzelechter Hauszwetsche, tragen die Bäume früher und können auch an Hauswänden als Spalier erzogen werden. Der Rückschnitt ist weniger scharf, da diese Obstart sich auch am älteren Holz willig verzweigt und mit Blütenknospen garniert. Die Blüten erscheinen sehr früh und sind deshalb in ungünstigen Lagen frostgefährdet. Düngung wie beim Pfirsich, aber weniger Stickstoff. Beste Sorten: Mombacher Aprikose und Ungarische Beste. Die gefährlichste Krankheit ist das Aprikosensterben (Welken der Blätter mitten im Sommer), das bisher nicht bekämpft werden kann.

Steinobst

Mirabelle (oberes Bild)
Mirabellen werden als Kompott, Marmelade, Konfitüre und für den Rumtopf verwendet. Diätetische Werte: bei Fettsucht, Kreislaufstörungen und
Magenleiden. Die Bäume sind mittelstark bis stark wachsend und sollten in
einem Baumabstand von 5 Metern gepflanzt werden. Die bewährteste Kronenform ist hier die Hohlkrone, da diese Steinobstart sehr viel Licht benötigt.
Mirabellenbäume mit kurzem Stamm (1 m–1,20 m) kommen früher in den
Ertrag. Sie brauchen keinen Pfahl. In warmen Lagen und auf leichteren Böden sind die Früchte aromatischer. Die Boden- und Nährstoffansprüche sind
gering. Für zu schwere oder nasse Böden ist die Mirabelle ungeeignet. Eine
einmalige Düngergabe mit einem Volldünger im April ist ausreichend. Die
bewährteste Sorte ist die Nancy-Mirabelle. Die Hauptschädlinge sind Pflaumenbohrer, Pflaumensägewespe, Blattläuse und Rote Spinne. Bekämpfung
siehe Schädlinge und Krankheiten an Steinobst. Für kleinere Gärten sollte
man Mirabellenbäume auf einer nur mittelstark wachsenden Unterlage wie
St. Julien anpflanzen. Das gleiche gilt auch für Pflaumen und Zwetschen.

Pflaume, Zwetsche, Reneclode (unteres Bild)
Diese Steinobstarten sind vor allem in größeren Gärten zu finden. Da das
Einmachen wieder groß in Mode gekommen ist, werden auch diese Obstarten verstärkt angepflanzt. Die Früchte enthalten die Vitamine A, B_1, B_2 und
in geringen Mengen C. Diätetische Werte: bei Stoffwechselerkrankungen,
Gicht, Darmträgheit, Leberleiden, Rheuma und Nierenleiden. Die Bäume
sind stark wachsend, benötigen keinen Pfahl und einen Baumabstand von
6–7 Metern. Je kürzer der Stamm, desto früher kommen die Bäume in Ertrag. Als Erziehungsform hat sich die Pyramidenkrone bewährt. Die An-
sprüche an Boden, Feuchtigkeit und Nährstoffe sind gering. Deshalb sind
einmalige Gaben eines Volldüngers im April (1 Handvoll je 2 Quadratmeter)
ausreichend. Pflaumenbohrer, Pflaumensägewespe, Blattläuse, Rote Spinne
und die Scharka-Krankheit sind die Hauptschädlinge und Krankheiten. Bekämpfung siehe Seite 44. Die Scharka-Krankheit ist nicht zu bekämpfen. Bewährte Sorten: Zimmers, Ersinger, Früh-Bühler (Frühsorten) und Hauszwetsche (Spätsorte). Sehr gute, neue schwach wachsende Sorten sind
Ortenauer, Präsident und Blue free. Diese Sorten können auch am Draht gezogen werden.

Nüsse

Haselnuß (oberes Bild)
Alle Haselnußsorten sind selbstunfruchtbar und sind auf Fremdbestäubung angewiesen. Für den Gartenbesitzer, der dieses Schalenobst ernten will, heißt das, daß er zwei verschiedene Sorten pflanzen muß, um große und regelmäßige Ernten zu haben. Haselnußsträucher kann man auch in die Ziersträucherhecke einplanen und schlägt so zwei Fliegen mit einer Klappe. Die Strauchabstände sollten 2 m betragen. Haselnüsse werden in der Praxis kaum geschnitten. Ein Auslichtungsschnitt ab 6.–8. Jahr ist trotzdem zur Steigerung der Fruchtgröße zu empfehlen. Obwohl diese Sträucher relativ anspruchslos sind, sollte man doch mit einer Volldüngergabe im April für ein angemessenes Wachstum sorgen. Die bewährtesten Sorten sind: Wunder von Bollweiler, Webbs Preis, Hallesche Riesen und Rotblättrige Zellernuß. Die beste Pflanzzeit für Haselnußsträucher ist im Herbst, da die Bewurzelung langsam vonstatten geht. Durch Absenker kann man Haselnüsse selbst vermehren.

Walnuß (unteres Bild)
Die Walnuß ist selbstfruchtbar. Man benötigt also jeweils nur eine Sorte, um die Befruchtung zu sichern. Die meisten Obstgärtner meinen, daß ihr Garten für diese Schalenobstart zu klein sei. Seit Jahren aber gibt es in Spezialbaumschulen, z. B. H. Bartsch, 6222 Geisenheim, die Walnuß-Edelsorten auf Schwarznuß *(Juglans nigra)* veredelt.
Diese Bäume bleiben kleiner, tragen früher (schon ab 3., 4. Standjahr) und sind auch für kleinere Gärten geeignet. Bei der Pflanzung sollte man lockeren Boden und viel Torf in die Pflanzlöcher füllen, um ein gesundes Anwachsen zu garantieren. Walnußbäume benötigen einen Pfahl. Die Baumscheibe sollte immer unkrautfrei gehalten werden. Die bewährtesten Sorten sind Esterhazy 2 (die frosthärteste Sorte), Nr. 26 (reichtragend, kleinkronig), Nr. 1239 (Nüsse mit roter Kernhaut), Nr. 139 (spät austreibend reichtragend). Die Walnußbäume sollten auf Schwarznuß einen Baumabstand von 8 m haben.

Neue Obstarten

Nektarine (oberes Bild)
Die Nektarine stellt eine Spezialität unter den Pfirsichen dar. In USA hat sie bereits den Pfirsich an Beliebtheit übertroffen. Die Frucht ist glatt, groß, tiefrot und rund, das Fruchtfleisch je nach Sorte weiß oder gelb und sehr saftig. Neuere Züchtungen sind sehr aromatisch und süß. Die bewährtesten Sorten sind Nektarose 4 und 6, Sungold, Mayred, Rhonegold und Rubygold. In Südfrankreich stehen schon große Plantagen dieser begehrten Früchte; aber auch in Deutschland ist man an dieser Frucht sehr interessiert. Diese Obstart verlangt die gleichen Standorte wie der Pfirsich, kommt aber auch noch in etwas kühleren Gebieten zurecht. Die Bäume sind starkwüchsig und werden nicht so scharf wie der Pfirsich zurückgeschnitten. Der Ertrag setzt schon ab 3. Standjahr ein, ist aber etwas geringer als bei gut tragenden Pfirsichsorten. Die Früchte sind auch zum Einmachen gut geeignet. Die Bäume können z. B. über Garten-Quelle, 8510 Fürth, Finkenstr. 6, bezogen werden.

Yang-Tao, Kiwi *(Actinidia chinensis)* (unteres Bild)
Diese neue Frucht stammt aus China und ist dabei, die Gärten Europas zu erobern. Sie wird wegen ihres hohen Vitamingehaltes auch die Vitaminbombe aus China genannt. Der Vitamin-C-Gehalt einer Frucht ist 10–12mal höher als der einer Zitrone. Die Frucht ist eigroß und von einer leicht behaarten Haut umgeben. Die Früchte werden wie ein Ei gepellt oder ausgelöffelt. Das Fruchtfleisch ist grünlich, saftig und schmeckt nach Stachelbeeren und Erdbeeren. Der Strauch wächst mittelstark, wie eine Schlingpflanze, sollte also ein kleines Drahtgerüst erhalten. Da dieser Strauch zweihäusig ist, muß man immer 2 Partner (Männchen und Weibchen) zusammenpflanzen. Die Pflanze verlangt einen sonnigen Standort und viel Wasser. Frostlagen sollte man meiden, da der Strauch in den ersten Jahren frostempfindlich ist. Der Schnitt beschränkt sich auf einen Auslichtungsschnitt. Die besten Sorten sind Haward, Abbot und Bruno. Die Pflanzen kann man über Spezial-Versandhäuser, z. B. Garten-Quelle, 8510 Fürth, beziehen.

Beerenobst

Stachelbeere (oberes Bild)

Sehr gut geeignet zum Einkochen, Frosten, zur Saftgewinnung und zur Herstellung von Fruchtweinen. Die Früchte enthalten die Vitamine A, B_1, B_2 und C. Diätetische Werte: blutreinigend, verdauungsanregend, bei Zuckerkrankheit, Kreislaufstörungen und Herzbeschwerden. Beliebt als Strauch wie als Stämmchen. Beim Pflanzen werden die Triebe auf 20–25 cm zurückgeschnitten. Später läßt man dem Strauch 6–8 Haupttriebe, die man wie die Seitentriebe nur bei Mehltaubefall (braunschwarze Spitzen im Winter) zurückschneidet. Auslichtungs- und Ableitungsschnitt im Frühjahr erleichtern später die Ernte. Nachteil von Hochstämmchen: Die Krone bricht leichter aus; die Pflanzen gehen vorzeitig an Wassersucht ein. Gelbfrüchtige Sorten: Hönings Früheste, Lauffener Gelbe. Rotfrüchtige Sorten: Maucks Frühe Rote, Rote Triumph, Rote Preis. Grüne Stachelbeersorten: Weiße Neckartal, Grüne Kugel, Grüne Hansa. Stachelbeeren benötigen wenig Stickstoff, aber viel Kalium. 1–2 Gaben eines chlorfreien Volldüngers (Nitrophoska blau) genügen. Schädlinge und Krankheiten: Blattläuse, Mehltau (siehe Pflanzenschutz).

Erdbeeren (unteres Bild)

Sie enthalten die Vitamine A, B_1, B_2 und C. Diätetische Werte: blutbildend, blutreinigend, verdauungsanregend, bei Kreislaufstörungen und Herzkrankheiten. Aromatische Früchte, gut geeignet für Marmelade, Gelee, Rumtopf und Bowle; zum Frosten: Senga Sengana, Senga Tigaiga. Mit 1- bis 2jähriger Kultur erzielt man die besten Erträge und schönsten Früchte. Günstigster Pflanztermin: Ende Juli bis Mitte August; Frigo-Pflanzen auch noch später. Pflanzabstände: 25–30 cm. Nach dem Pflanzen sofort wässern. Pflanzen in Schwarzfolie gesetzt, ersparen Hackarbeit. Sonst Holzwolle oder Stroh unterlegen, damit die Früchte trocken und sauber bleiben. Gegen Fruchtfäule hilft 2- bis 3maliges Spritzen mit Euparen in die Blüte. Düngung: chlorfreie Volldünger, $^2/_3$ im zeitigen Frühjahr, $^1/_3$ nach der Ernte. Vorsicht mit reinem Stickstoffdünger! Er fördert das Blattwachstum, hemmt aber die Fruchtbildung. Zur Vermehrung nach der Ernte Torf in die Gassen einhacken, damit die Ausläufer sich schneller bewurzeln. In Trockenzeiten viel wässern. Ältere bewährte Sorten: Regina, Senga Sengana. Großfruchtige Neuzüchtungen mit Mengen-Erträgen: Senga Litessa (sehr aromatisch), Gorella (früh), Red Gauntlet, Hummi-Grande (großfrüchtig), Senga Prescosana (früh). Auch immertragende und klimmende Sorten gibt es. Schädlinge und Krankheiten siehe Pflanzenschutz.

Beerenobst

Rote Johannisbeeren (oberes Bild)
Diese Früchte sind bekannt durch ihren Gehalt an Vitamin A, B_1, B_2 und C. Diätetische Werte: bei Gallenleiden, Erkältungen, Rheuma, Darmerkrankungen, Schlaflosigkeit und Herzkrankheiten. Diese Obstart kommt auch noch auf leichteren Böden zurecht, verlangt aber einen sonnigen Standort. Beim Pflanzen werden die Sträucher auf 25 cm zurückgeschnitten und später auf 6–8 Haupttriebe gestellt. Bei schwach wachsenden Sorten werden die Haupttriebe jährlich um $1/4$ zurückgeschnitten. Stark wachsende Sorten werden nur ausgelichtet. Die Seitentriebe bleiben bei allen Sorten ungeschnitten. Ältere bewährte Sorten sind Rote Vierländer, Heros, Rote Holländische und Heinemanns Rote Spätlese. Die neueren Züchtungen Rondom und Red Lake zeichnen sich durch Großfrüchtigkeit und hohen Ertrag aus. Die Düngung sollte mit einem chlorfreien Volldünger im April und Anfang Juni erfolgen. Gaben von einer Handvoll Nitrophoska blau pro Quadratmeter sind ausreichend. Die größten Schädlinge sind Blattlaus und Johannisbeerglasflügler. Bekämpfung siehe Pflanzenschutz. Strauchabstand: 1,50 m.

Schwarze Johannisbeeren (unteres Bild)
Die Früchte der Schwarzen Johannisbeere sind sehr vitamin-C-reich. Die übrigen diätetischen Werte entsprechen denen bei der Roten Johannisbeere. Sehr gut zur Saft- und Marmeladenbereitung. Zum Frosten müssen die Beeren gut ausreifen und entrappt werden. Die Schwarzen Johannisbeeren sind starkwüchsig und werden deshalb mindestens 2 m auseinander gepflanzt. Nach dem Pflanzen auf 30 cm zurückschneiden. In den folgenden Jahren wird der Strauch auf 8–10 Haupttriebe gestellt, die nicht zurückgeschnitten werden. Alle schwachen oder alten Triebe dicht am Boden abschneiden. Düngergaben mit Kalkstickstoff im Februar oder Volldünger im April und Anfang Juni haben sich gut bewährt. Blattläuse, Johannisbeerglasflügler (Triebe mit ausgefressenem Mark) und Johannisbeergallmilbe (dicke runde Knospen im Frühjahr) müssen mit Insektiziden (siehe Pflanzenschutz) bekämpft werden. Bewährte Sorten sind Rosenthals Langtraubige und Silvergieters. Vom Max-Planck-Institut ist eine neue Züchtung herausgebracht worden, bei der eine Schwarze Johannisbeere mit einer Stachelbeere gekreuzt wurde. Die Früchte werden so groß wie Stachelbeeren, sind schwarz und haben einen hohen Vitamin-C-Gehalt. Der Strauch hat den Habitus einer Schwarzen Johannisbeere und keine Stacheln! In den nächsten Jahren ist diese Züchtung praxisreif.

Beerenobst

Himbeere (oberes Bild)
Diese köstliche Frucht ist sehr leicht auch im Halbschatten zu kultivieren. Sie liebt humusreichen Boden, den man auch durch Einarbeiten von feuchtem Torf schaffen kann. Ein Drahtgerüst aus zwei Doppeldrähten in 80 und 120 cm Höhe und 20 cm Abstand verhindert, daß die dazwischen gesteckten Ruten umkippen. Pflanzabstand der Himbeersträucher: 50 cm. Reihenabstand: 1,25 m. Beim Pflanzen schneidet man die Sträucher auf 25 cm zurück. Später werden alle abgetragenen Ruten jährlich am Boden abgeschnitten und die Zahl der jungen Ruten auf 10 Stück pro laufenden Meter begrenzt. Gefährlichste Krankheiten und Schädlinge: Rutenkrankheit und Himbeerkäfer; Bekämpfung siehe Pflanzenschutz. Die bewährtesten Sorten: Malling Promice, Malling Exploit, Zeva 1 und 2 (Frühsorten) sowie Schönemann (Spätsorte). Zweimal tragende Sorten: Romy und Zeva Herbsternte. Zur Frostung geeignet: Zeva 1 und 2, Schönemann. Düngung: chlorfreier Volldünger (Nitrophoska blau) in 2 Gaben Anfang April und Mitte Juni (je etwa eine Handvoll pro qm).

Brombeere (unteres Bild)
Diese Frucht ist der beste Vitamin-A-Spender unter dem Beerenobst. Verwendung zur Herstellung von Marmelade, Gelee, Saft und Likör. Zur Frostung sollte man die Früchte hochreif ernten. Die Brombeere wächst stark und sollte deshalb an einem Gerüst gezogen werden. Die Ranken zieht man an 3 Drähten in 60, 120 und 180 cm Höhe. Beim Pflanzen schneidet man den Strauch um die Hälfte zurück. Später beläßt man nur 4–5 Haupttriebe und schneidet die Seitentriebe daran auf 2–3 Knospen (Augen) zurück. Die bekannteste Sorte: Theodor Reimers, wegen ihres herrlichen Aromas vor allem für den Frischverzehr geeignet. Dornenlose Neuzüchtungen: Thornfree und Thornless evergreen, beide wachsen nicht so wild und sind leicht zu beernten; Thornfree ist die aromatischere Sorte. Beide eignen sich gut zum Frosten. Wird der Brombeerstrauch etwa beim Hacken verletzt, so bildet sich an der Wundstelle oft wieder ein Trieb, aber mit Dornen. Pflanzabstand: 4 m. Pflanzenschutzmaßnahmen sind kaum erforderlich. Düngung wie bei Himbeeren.

Kulturheidelbeere, Kulturpreiselbeere
Beide Strauchobstarten verlangen einen humusreichen, sauren Boden. Beim Pflanzen viel Düngetorf (z. B. TKS) verwenden. Frostlagen meiden.

Der Balkon – mein Blumengarten
Joachim Zech
Für Balkon-, Terrassen- und Fensterbrettgärtner
Welche Pflanzen eignen sich für den Balkon? „Immergrün" das ganze Jahr
hindurch? Auf alle Fragen antwortet dieser praktische Ratgeber.
Reihe: „Das Florarium"

**Ein weiteres
interessantes Buch
für
Gartenfreunde:**

Gemüse aus dem eigenen Garten
Edgar Gugenhan
Feingemüse- und Gewürzkräuteranbau – biologisch richtig
Nichts geht über frisch geschnittenen Salat, selbstgepflückte Tomaten und
pralle Radieschen aus dem eigenen Garten.
Bei überlegter Planung, ausreichender Bodenvorbereitung und richtiger Sor-
tenwahl kann jeder, der ein Stück Land besitzt, mit Erfolg Gemüse anbauen.
Edgar Gugenhan gibt Anregungen für die Anlage eines der Familiengröße
angepaßten Gemüsegartens und beschreibt den Anbau gebräuchlicher,
aber auch seltener Gemüsearten und Gewürzkräuter. Er erklärt, wie man
den Boden bearbeitet, den Pflanzen die richtigen Nährstoffe zuführt und die
angebauten Produkte vor Schädlingen bewahrt; er zeigt, wie man das
Erntegut am günstigsten lagert und in der Küche am besten zubereitet. Wir
lernen verschiedene Anbauverfahren kennen und erfahren dabei, wie man
mit Hilfe von Frühbeeten, Folientunneln oder einem Kleingewächshaus
praktisch das ganze Jahr hindurch Frischgemüse ernten kann.

Erhältlich in Ihrer Buch- oder Fachhandlung
Über weitere Gartenbücher unterrichtet Sie die Informationsschrift P 315,
die wir Ihnen gern zuschicken.

Kosmos Verlag 7 Stuttgart 1 Postfach 640